変革の知

ジャレド・ダイアモンド　ほか
岩井理子　訳

角川新書

日本語版序文

「変革の知」を身につける五つの視点

― 世界の叡智が集められた本書の読み方 ―

『知性を磨く』著者　田坂広志

「変革の知」とは、何か？

そのことを教えてくれる言葉を刻んだ墓銘碑が、ロンドンの郊外、ハイゲート墓地にある。

哲学者たちは、これまで世界を「解釈」してきたにすぎない。

大切なことは、それを「変革」することである。

The philosophers have only interpreted the world in various ways.

The point however is to change it.

19世紀の思想家、カール・マルクスの言葉である。

この言葉は、21世紀を迎え、ますます重い響きを持つ言葉となっている。

世界に目を向ければ、地球温暖化、環境破壊、資源枯渇、エネルギー危機、食糧不足と飢餓、伝染病の蔓延《まんえん》、紛争やテロなど、人類にとって解決困難な問題が山積している。そして、それらの問題に関する調査、分析、予測、評価、提言などの「解釈」は溢《あふ》れているが、現実の問題は、少しも解決しない。

国内に目を転ずれば、政治も経済も社会も、変革が求められる数多くの課題に直面している。それにもかかわらず、現実の変革は遅々として進まない。

自身が働く職場や組織を見渡せば、誰もが問題の所在は分かっている。しかし、誰も、その問題の解決や組織の変革に取り組まない。

こうした時代であるからこそ、我々に求められているのは、単に現状を解釈し、問題点を列挙する「解釈の知」ではなく、問題を具体的に解決し、目の前の現実を変える「変革の知」に他ならない。

読者が、本書を手にしたのは、その意味における「変革の知」に興味を持ち、それを身につけたいと思われたからではないだろうか。

たしかに、本書には、21世紀の最高の知性、18人の識者による、「変革の知」が語られている。この世界を、社会を、コミュニティを、ビジネスを、職場を、そして、我々自身を、どう変革していくか、その「変革の知」が語られている。

しかし、残念ながら、この本を読んだだけでは、これらの識者の「現実を変革する知性」を学び、その「変革の知」を身につけることはできない。

もし、読者が、真に「変革の知」を学びたければ、次の「五つの視点」を心に置き、本書を読まれるべきであろう。

第一の視点／「変革の知」とは、書物を通じて得た該博な「知識」ではなく、豊かな経験から摑《つか》んだ「智恵」である。

しばしば、我々は、「多くの知識を持っている人物」を「知性を持った人物」であると考える傾向があるが、実は、そうではない。なぜなら、「**知性**」**の本質は**「**知識**」**ではなく**「**智恵**」だからである。「知識」は、言葉で表せるものであり、書物や文献を読めば身につくが、「智恵」は、言葉で表せないものであり、経験を通じてしか身につかないものである。

従って、もし読者が、本書を表面的に読むならば、これらの識者のメッセージを「単なる知識」として学んだだけにとどまり、その「知性」の深みを学ぶことはできないだろう。

では、どのように、本書を読むべきか？

18人の識者の言葉を、自身の「経験」と重ね合わせながら、読み進めることである。

そして、識者の一つの言葉を読んだとき、その言葉に共鳴する自身の経験が乏しいならば、それは、残念ながら、この識者の言葉の奥にある「智恵」を掴み得ないことを意味する。その場合には、その言葉を「知識」として鮮明に記憶しておき、将来、ある経験をしたとき、その言葉を思い起こすことが大切であろう。

例えば、本書において、『サイレント・ニーズ』共著者、**ヤン・チップチェイス**が「外国の文化を感じたいなら、その国の朝を体験せよ」と語る。この言葉を読んだ瞬間に、我々は、自身の海外経験を思い起こし、「外国の朝」を身体的に感じた経験と重ね合わせて読まなければ、それは、単なる「知識」にとどまってしまい、目の前の現実を変える力にはならない。

また、本書の中で、『「幸せをお金で買う」５つの授業』共著者、**マイケル・ノートン**が、「モノより体験を買う」ことの重要性を語っているが、この言葉は、これからの高度知識社会においては、多くの書物や情報機器を持つことに投資するよりも、経験や体験に自己投資をし、豊かな智恵を身につけていくことこそが、能力開発戦略の王道になっていくことを示唆していると言えるだろう。

第二の視点　／　「変革の知」とは、「答えの有る問い」に答えを見出《みいだ》す能力ではなく、まったく逆の、「答えの無い問い」を問い続ける能力である。

また我々は、「高い知能を持った人物」を「優れた知性を持った人物」であると考える傾向があるが、これも正しくない。なぜなら、「知能」と「知性」は、まったく逆の能力だからである。

まず、「知能」とは、「答えの有る問い」に対して、早く、正確に答えに辿《たど》り着く能力である。「知能検査」は、まさに、この能力を測定している。

一方、「知性」とは、「答えの無い問い」に対して、その問いを問い続ける能力である。答えなど容易に得られぬと分かっていて、粘り強く、その問いを問い続ける能力のことである。

改革や革新、開発や創造は、この「精神の粘り強さ」を抜きにして、決して実現できない。

従って、もし読者が、本書に、目の前の現実を変革するための「安易な答え」を求めて読むならば、「変革の知」を掴むことは決してできないだろう。

では、どのように、本書を読むべきか？

18人の識者の言葉の中に、「安易な答え」ではなく、「深い問い」を求めながら読むことである。

これらの識者は、誰もが、心の中に「深い問い」を抱いている。そして、その問いこそが、これらの識者の「精神の粘り強さ」を支えている。そのことを理解し、本書の行間から、その「深い問い」を読み取ろうとするとき、本書は、読者に多くの気づきを与えてくれるだろう。

例えば、エバーノートCEO、**フィル・リービン**の「他社との競争」に目を奪われず「本当に良い製品とは何か」を徹底的に考え続ける姿勢は、まさに、言葉の本来の意味での「知性」の姿であり、「変革の知」を抱く人間の姿であろう。

また、世界的なプロダクトデザイナー、**カリム・ラシッド**の語る「私たちは、何か素敵なことをするために、この惑星に来た」という言葉は、情熱的に「答えの無い問い」を問い続ける、彼の「知性」を象徴する言葉であろう。

第三の視点／「変革の知」とは、思想、ビジョン、志、戦略、戦術、技術、人間力という「七つのレベルの知性」を垂直統合した能力である。

我々が、目の前の現実を変革しようと思うならば、幾つものレベルの思考を並行して行わなければならない。そのことを、拙著**『知性を磨く「スーパージェネラリスト」の時**

代』（光文社新書）において、「思想」「ビジョン」「志」「戦略」「戦術」「技術」「人間力」という「七つのレベルの知性」を垂直統合することの重要性として述べたが、読者が本書から「変革の知」を学ぼうと思うならば、それぞれの識者のメッセージの奥にある「垂直統合」された知性と思考を見つめなければならない。

具体的には、**18人の識者の言葉の奥にある、様々なレベルの思考を感じ取り、理解しながら読む**ことである。人類社会の未来の「ビジョン」を語る奥に、その識者のどのような「思想」があるのか、「志」を語る奥に、その識者のどのような「人間力」があるのか、といったことを感じ取りながら、本書を読むことである。

例えば、マーベル・スタジオズを率いて数々の映画をヒットさせてきた**ケビン・ファイギ**は、インタビューにおいて、この「七つのレベルの知性」を縦横に切り替えながら、成功の秘《ひ》訣《けつ》を語っている。読者は、彼のその「思考の重層性」をこそ読み取るべきであろう。

同様に、ローランド・ベルガー前CEO、**ブルクハート・シュベンカー**は、そのインタビューにおいて、長期的な資本主義のビジョンを語る一方で、国際競争におけるドイツという国家の差別化戦略を語り、同時に、人間的な視点で、家族経営のメリットや次世代のことを考えることの大切さを語っている。

第四の視点　／　「変革の知」とは、様々な「知」が集められた「知の貯蔵庫」ではなく、様々な「知」が有機的に結びついた「知の生態系」である。

また、我々が、目の前の現実を変革しようと思うならば、個別の専門的な「知」を学ぶだけではなく、学んだ「知」を有機的に結びつけ、「知の生態系」を形成することが不可欠である。なぜなら、21世紀において、我々の目の前に立ち塞《ふさ》がる問題の多くは、複雑に絡み合った「問題群」を形成しており、ある意味で、「問題の生態系」を形成しているからである。

従って、本書を読むとき、**それぞれの識者の中で、様々な「知」が、どのように有機的に結びついているかを想像しながら読む**ことが大切である。

例えば、『銃・病原菌・鉄』著者、**ジャレド・ダイアモンド**の鋭い洞察力の背後には、彼の「知」のバックグラウンドである、生理学、鳥類学、進化生物学、生物地理学といった専門知識が有機的に結びついた「知の生態系」が存在することを理解しながら読むべきであろう。

また、『ハイ・コンセプト』著者、**ダニエル・ピンク**の仕事場には、数々のアイデアが書き込まれたホワイトボードがあり、その横の本棚には本がぎっしりと並んでいると書かれているが、彼もまた、「知の生態系」を縦横に活用して、数々の著作を上梓《じょうし》している識者であることを理解すべきであろう。

第五の視点　／　「変革の知」とは「知と知の分離」「知と行の分離」「知と情の分離」という「三つの分離の病」を克服した、統合的知性である。

我々が、真に「変革の知」を身につけたいと思うならば、もう一つ、大切なことがある。

それは、**20世紀の「知」が冒されていた**「**三つの分離の病**」**を克服する**ことである。

第一は、「**知と知の分離**」。言葉を換えれば「**専門主義**」の病である。

これは、本来、一つであるべき知の世界が、細かい専門領域に分断されてしまい、どれほど「学際研究」や「総合対策」という言葉を掲げてみても、「専門意識」の垣根に阻まれ、互いの対話と協働が進まず、有効な変革の手が打てないという病である。

第二は、「**知と行の分離**」。言葉を換えれば「**分業主義**」の病である。

これは、「理論」を担う人間と「実践」を担う人間が分業してしまうという病であり、例えば、政策立案者と行政職員、経営学者と経営者。社会評論家と社会活動家といった分業が、問題の真の解決を妨げてしまう病である。

第三は、「**知と情の分離**」。言葉を換えれば「**客観主義**」の病である。

これは、企業や市場、社会や歴史についての「理論」を客観的な視点で語る人間が、その企業や市場、社会や歴史の「現場」において、尊い人生を背負い、瑞々《みずみず》しい感情を持って生きる人間がいることを忘れてしまうという病である。その結果、「社員切り捨ての経営戦略論」「消費者軽視の市場戦略論」「住民不在の政策論」「人間欠如の歴史観」などが生まれてくる。

これが、20世紀の「知」が冒されていた「三つの分離の病」であり、21世紀、我々が真に問題を解決し、変革を実現していこうとするならば、これら「三つの病」を克服しなければならない。特に、この中でも重要なものが「知と情の分離」であろう。

その意味で、読者は、この18人の識者が「理性的」に語るメッセージの奥に、彼らもまた、一人の人間として、恵まれない人々に対する深い「共感」や、若い世代に対する深い「愛情」を抱いていることを感じ取る必要がある。

例えば、ハイフラックスCEO、**オリビア・ラム**が語る「世界を救いたいと夢見たことが、私を救った」という言葉は、誰の心にも響く言葉であろう。

また、セコイア・キャピタル会長、**マイケル・モーリッツ**が語る「20代の若者は、私よりはるかに多くのことを知っている」という言葉や、「この世に、若くアイデアあふれる人と仕事をする以上に興味深いことはない」という言葉は、若い世代に対する深い愛情を感じる言葉であり、目の前の現実を変革しようとする我々に、「知」というものを「情」と結びつけることの大切さを教えてくれる。

このように、本書では、21世紀の最高の知性、18人の識者によって、この世界を、社会を、コミュニティを、ビジネスを、職場を、そして、我々自身を、どう変革していくか、その「変革の知」が語られているが、もし読者が、彼らの「変革の知」を真に学びたければ、これらの「五つの視点」を心に置き、本書を読まれるべきであろう。

では、この「五つの視点」は、いったい何を意味しているのか？

我々が、本当に「目の前の現実」を変革したいと思うならば、まず、自分自身の「知の在り方」を変革しなければならない。

そのことを意味している。すなわち、目の前の現実を変える「変革の知」を身につけるためには、まず、自らの知の在り方を変える「知の変革」に取り組まなければならない。

それは、具体的には、次の五つの「知の変革」である。

第一の変革／書物による「知識」ではなく、経験による「智恵」を身につける。
第二の変革／問題解決の「知能」ではなく、問題探究の「知性」を身につける。
第三の変革／「専門的知性」ではなく、「七つの知性」を垂直統合して身につける。
第四の変革／「知の貯蔵庫」を作るのではなく、「知の生態系」を育てていく。
第五の変革／「知と知」「知と行」「知と情」という「三つの分離の病」を克服する。

そして、自らの内に、この「五つの変革」を為《な》し遂げたとき、我々は、21世紀が求める「変革の知」を身につけた人材、すなわち、単なる「知識」や「知能」の次元を超え、「三つの病」を克服し、「七つの知性」を垂直統合した「スーパージェネラリスト」へと進化していけるだろう。

その進化への歩みの中で、我々が心に刻むべきは、冒頭の墓名碑の言葉に他ならない。

哲学者たちは、これまで世界を「解釈」してきたにすぎない。
大切なことは、それを「変革」することである。

目次

第一部

世界を見通す賢人たちの基準

「人間社会を見通すための、あなただけの基準は何ですか？」

この問いに、世界的ベストセラーを生んだ5人の著者が答える。

世界の見方を変える、賢者の叡智。

世界No.1ビジネススクール
ペンシルバニア大学ウォートン校最年少終身教授

アダム・グラント

Adam Grant

ウォートン校組織心理学教授で、ウォートン校史上最年少終身教授に任命された。ハーバード大学心理学科を首席で卒業、ミシガン大学大学院で組織心理学博士を取得。創意的な研究活動、概念と方法論に対する多角的な視点によりウォートン校で3年連続して最優秀講義評価賞を受賞。『ビジネスウィーク』が選ぶ2012年「Favorite Professors」や、『フォーチュン』で紹介された「世界で最も優秀な40歳以下の教授40人」にも名前が挙がっている。著書に『GIVE & TAKE「与える人」こそ成功する時代』がある。

思いやりや与えることが成功の秘訣

洋の東西を問わず世界に広く知られる話の一つは『シンデレラ』の類《たぐい》の童話だ。善良な人が最後には勝利し報われるというテーマを盛り込んだ話は、確認されているだけでも数百を超える。

それはなぜか。人は皆意識の奥底に「善良な人が幸せになるべきだ」という期待と希望を持っているからではないだろうか。だが現実は違うようだ。自分より他の人のことを先に考え、人のことを簡単に信じる善良な人が失敗するケースが、私たちの周りでいかに多いことか。

実際、多くの研究結果は他人に与えてばかりの人は社会で失敗する確率が高いことを示している。与える人は利己的な人と比べ、収入は平均で14％少なく、詐欺などの犯罪の被害者になる危険は2倍高く、能力と影響力は22％低く評価されるという調査もある。適者生存と無限の競争が支配する現代社会において、このような傾向はより一層強くなるという推論も成り立つ。

このような状況でアメリカの新鋭の心理学者が書いた、与える人が成功するというテーマを盛り込んだ『GIVE & TAKE「与える人」こそ成功する時代』（三笠書房、２０１４年）が愉快な反乱を起こしている。ベストセラーランキングは一時、アマゾンで総合3位、『ニューヨーク・タイムズ』紙で2位まで上がるベストセラーとなった。この本の良さは、非常に多くの実証分析と事例を通じ、これまで過小評価されてきた与える人生の成功の可能性を「科学的に」見せたところにある。

著者のアダム・グラント教授は、２０１１年、29歳でウォートン校の最年少終身教授となった。『フォーチュン』は彼を「世界で最も優秀な40歳以下の教授40人」の一人として紹介、『ビジネスウィーク』は「Favorite Professors（好ましい教授）」に選定した。彼はここ2年間の学部での講義で、受講生約80人全員から満点の評価を受けている。

彼と会ったのはフィラデルフィア市内からタクシーで20分ほど離れた住宅街にあるフュージョン料理のレストランだった。ジーンズに真っ赤なラウンドネックのTシャツ、濃い紺色のジャケット姿で現れた彼は、明るく笑うと口が顔の半分を占めそうに見えた。

彼と料理をシェアして食べながら、2時間半にわたってインタビューを行った。彼の話を理解するには、まず彼の使う独特の用語に慣れなければならない。彼は人間には三つの類型があると主張する。与えられた以上に多くを与えたがる「ギバー」と、与えた以上に多くを得ようとする「テイカー」、与えられた分だけ返す「マッチャー」だ。

成功の方程式が変わる——先に与えれば成功はついてくる

——貴著の核心テーマは何でしょうか。単に成功した人の一部にギバーがいるというのではなく、成功するためにはギバーにならなければならない、つまり与えれば成功の確率が高まるということですか。

グラント　その通りです。多くの人は、ギバーはビリになることだと信じています。テイカーは人を利用し、ギバーは自分の時間とエネルギーを使い果たし最後は疲れ切ってしまうと。数多くの研究結果を見ても、ギバーはよく言われるように、出世の階段の最下段へ落ちる場合が多々あります。ところが驚くべきことに、その階段の最上段もやはりギバーがたくさん占めているのです。多くの証拠がはっきりと示しているのは、ギバーはビリだけではなくトップにもたくさんいるということです。他の人を助けることであなたを成功に導く、実にたくさんの素晴らしい方法があります。

実際にグラント教授がノースカロライナ州の営業社員を対象に調査を行った結果、成績の悪い営業社員のギバー指数は成績が平均の営業社員より25%高かったが、成績のいい営業社員のギバー指数も平均より高いのは同じだった。また営業トップの社員はギバーであり、テイカーやマッチャーより50%高い実績を上げていた。

——与えることが成功するために一層重要になるとおっしゃっていますが、なぜでしょうか。

グラント　通信や交通手段の発達で、人々が緊密につながっているからです。その昔、人々は今よりずっと独立的で離れた状態で仕事をしていましたが、最近は多くの組織が協業し、チームで仕事をします。サービス産業の爆発的な成長にも一役買いました。その分野の人々にとっては、客にどのぐらい恩恵を与えられ、どのぐらい奉仕できるかが肝要です。これをソーシャルメディアが支えました。フェイスブックのプロフィールだけでも、どんな人かを知ることができます。悪い人はすぐ分かってしまうのです。

――既存の経営学とはまったく違いますが、現在の経営学は変わるべきだとお考えですか。

グラント 企業は成果を評価し、報奨を与え昇進させるという方法を変える必要があります。人々のモチベーション、能力、才能、そしてどのくらい熱心に働いたかだけを考慮するのではなく、他の人にどのくらい好影響を及ぼすかも十分に考慮しなければなりません。

――与える人の中でも、ある人は社会的に成功し、ある人は失敗します。なぜでしょうか。

グラント ひたすら与えてばかりで疲れてしまうと結局は失敗します。成功したギバーに共通する特徴は、他の人の利益だけでなく自身の利益にも関心が高いということです。ビル・ゲイツが「人間の本性には2種類の大きな力がある。一つは自分の利益であり、もう一つは他人に対する配慮である。資本主義の未来はこの二つを合わせたハイブリッドエンジンだ」と言っていますよね。

――CEOの中で最も成功したギバーを挙げるならば。

グラント　『ファインディング・ニモ』や『トイ・ストーリー』を製作したピクサーのエド・キャットムル社長が思い浮かびます。ピクサーが別の会社に買収された時、彼は人員整理をしなければなりませんでした。彼は上司に呼ばれこう言われます。「私は2人、辞めさせたい。明日の朝までにリストをください」と。エドは次の日の朝、上司の事務所へ行きます。「これが2人の名前です」と言って、自分と別の幹部の名前を出しました。そしてこう言います。「ここに解雇されるような人は誰もいません。誰かを解雇したいのなら私を解雇してください」。ヒューレット・パッカードのメグ・ホイットマンCEOとハンツマン・コーポレーションの創業者のジョン・ハンツマン（シニア）も素晴らしいギバーです。

――あなたがCEOなら、まず何をしますか。

グラント　社員が互いにより多くを与え合うことを奨励する文化を作ります。社員を採用する時は、能力があってもテイカーは外し、ギバーとマッチャーを中心に選びます。すでにテイカーを区分する技法が開発されつつあります。またギバーの社員がより報われ昇進できるシステムを作るでしょう。

グラント教授は、互いに与え合う文化を作るために、すぐにでも適用できる技法として「互恵の輪」を挙げた。15～30人の小グループを作り、1人が何かを頼んだら、残りの人々がその場で解決策を提示するのだ。

グラント教授は「IBM、シティグループ、エスティローダーなど、多くの企業と一緒にやってみたところ、80％以上の頼み事が解決されることを確認した」と言う。そして「週1回、わずか20分ずつであっても、組織には革新的なアイデアが生まれ生産性が高まるだろう」と続けた。

利己的なテイカーへの対処方法

グラント教授自身も、与えることを実践しているとの定評がある。彼は自分の携帯電話の番号をすべての学生に公開し、助けが必要な時はいつでも電話するようにと伝えている。

彼が1日に受け取る電子メールは約300通。すべてのメールに24時間以内に返事をすることを原則にしている。また彼が1年に書く推薦書は100通を超えるそうだ。

彼は誰もが「施しの筋肉」を持っていると言う。「最初は弱い筋肉でも、運動を続ければ強くなるように、与えることを続ければ人間関係は深く広くなる」そうだ。

――なぜ与えることと成功との関係に関心を持ったのですか。

グラント　2人の人物の影響が大きかったですね。高校の時の飛び込み競技のコーチ、エリック先生とハーバード大学の入試で面接官だった弁護士のジョンです。エリックは放課後も残ってアドバイスやトレーニングをしてくれましたが、嫌そうな顔を見せることは一度もありませんでした。本当に情熱のすべてを傾けて私を指導してくれました。ニューヨークで成功している弁護士だったジョンは私のインタビューのために他の人より4倍も長い2時間を費やしてくれました。ハーバードがなぜ私を受け入れなければならないのかを示す、きちんとした推薦書を書くためだと言っていました。その時のことは今でもはっきりと記憶しています。「うわあ、こんな立派な人たちが他人のためにもこんなに力を尽くすなんて、本当にすごい」と思いました。

――スティーブ・ジョブズやジャック・ウェルチ、マイケル・デルのような経営者は厳格な経営で有名でした。彼らはテイカーですか、ギバーですか。

グラント　成功した人がすべてギバーというわけではありません。人の役に立つより会社のために何がいいのか、優先順位を決めねばならない時もしばしば訪れます。興味深いのは、会社の利益を最大化することに対する彼らの情熱です。少なくとも彼らは、個人的な利益を会社の利益に優先させなかったわけですから、テイカーではないと思います。

――グーグルは問題が起きるたびにあなたに電話してくるほど緊密な関係だそうですね。近くから見たグーグルの強みは何でしょうか。

グラント　あそこは本当にギバーが多いのです。半数以上ではないでしょうか。それがグーグル成功の最も大きな理由ではないかという気がします。いついかなる時も、他人を助け与えるという規範と、それを奨励するインセンティブがしっかり定着しているのです。このようなことが素晴らしい生産性と革新、そして強力な顧客サービスに結びつきました。

――テイカーと出会ったら、どのように対応すればいいでしょうか。

グラント　まず、その人を変えようとするのか、遠ざけるのかを選ぶ必要があります。変えることを選んだならば、あなたが先にその人に力を貸します。それからその人に、誰かに力を貸すよう求めてみてください。人を助けることが彼の最大の関心事になるように導くのです。

もし彼が変わらなければ、マッチャー式に対応します。その人の行動に合わせて返す、つまり「目には目を、歯には歯を」ということですね。噂により評判に傷をつけてやると威嚇する方法もあります。悪口は時に非常に強い力を持ちます。

小出しせず一気に！　与えるにも原則がある

甘く見られるようになるのはギバーが陥りやすい最も恐ろしい悪夢だ。グラント教授は「ギバーにも原則と戦略が必要だ」と言い、多くを与えつつも疲れ果てず活力を維持する五つの戦略を提案する。

誰をどの程度助けるか、立場を明確にする

すべての人を助けようとしたら疲れ切ってしまうのがオチだ。そしてテイカーはそれを利用する。ギバーは「私は自分を害さないやり方で助ける」と相手に伝えねばならない。他人を助けようとするなら、テイカーよりはマッチャーやギバーを助けたほうがいい。ボランティアは1年に100時間が適当だ。これより少なくても多くても、ボランティアで得られる幸福感や満足感は大きくならないと言う。

与えた結果を確認し、フィードバックを受ける

他人を助ける仕事をして疲れた時は、自分が助けている人に会ったり近況を聞いたりすることで活力を取り戻せる。ミシガン大学のコールセンターの職員が、卒業生に電話をかけ寄付金を集める過程に関するグラント教授の研究では、職員が何の動機も付与されない状態で電話をかけた場合93%が断られた。しかし奨学金をもらって人生が変わったという学生を連れてきて5分だけ話を聞かせたところ、職員の態度は変わったと言う。1時間当たりの電話の本数と1本当たりの通話時間が2倍になり、寄付金額は5倍に増えた。

「休眠関係」を元通りに

過去に知り合った人に再び連絡を取ること。テイカーが久しぶりに連絡したら何か裏があるのではと警戒されるだろうが、ギバーが電話をかければ相手は喜んでくれるだろう。同じ町で育ったり大学や職場に共に通ったりした人たちだ。

他の人に助けを求める

失敗したギバーは与えるばかりで他の人に助けを求めない。しかし助けを求めることで、疲れ切ってしまうことを防ぎ、望んでいた目標の達成に大きく寄与できる。

与えるやり方を変える

誰かに与える時は数日に分けて小出しする「庭に水やり」スタイルではなく、短時間に集中して奉仕する「火つけ」スタイルで行うこと。

ロルフ・ドベリ

『なぜ、間違えたのか？』著者

Rolf Dobelli

ヨーロッパで最も注目される経営者であり、実力派の投資家、講演者。スイスのザンクトガレン大学で経営学を専攻。同大学院で博士取得。スイス航空系列社のCEOを辞めた後、世界最大のオンライン図書館、getAbstractを設立。また科学、芸術、ビジネス分野の代表的な知識人が集まって講演を行ったりインスピレーションを共有したりする知識人団体チューリッヒ・マインズの設立者でもある。『なぜ、間違えたのか？』、『スマートな行動術（邦訳なし）』は大きな反響を呼び起こし、世界各国でベストセラーとなった。

最高の選択をするためには間違った選択を避けること

「リーダーになるには、核心となる支持グループを作れ」、「健康を保つには夢を持ち挑戦しろ」などと、世界はいつもアドバイスにあふれている。人々は常に何かをしろとあなたを煽《あお》りたてる。

しかしベストセラー『スマートな思考術（邦題『なぜ、間違えたのか？』サンマーク出版、2013年）』『スマートな行動術（邦訳なし）』シリーズの著者、ロルフ・ドベリの考えは異なる。彼は忙しい現代人に本当に必要なのは、加えることではなく引くことだと主張する。「優れた選択をするノウハウは誤った選択を避けること」だと言う。

教皇はミケランジェロにこう尋ねた。「あなたはどうやってダビデ像のように優れた作品を生み出したのですか」。するとミケランジェロは答えた。「とても簡単です。ダビデと関係ないものをすべて捨てたのです」

ドベリは1億人を抱えるドイツ語圏で今や最も有名な作家の一人だ。『スマートな○○』シリーズは、彼の母国スイスとドイツ、オーストリアなどで80万部以上売れている。著書には現代人が日常的に犯しやすい考えや行動、習慣における多数のエラーがまとめられている。

２０１３年６月、ドイツのベルリンにあるカフェでドベリに会った。彼はスイスに住んでいるが、自身の設立した団体、チューリッヒ・マインズのベルリン支部活動のためにドイツに滞在していた。スイス航空の系列社ＣＥＯを歴任したドベリは、２００２年に職場を離れ作家に転身した。

狩猟・採集民から抜け出すことができなかった人間の思考体系

――どんなに優秀な人でも失敗をするのはなぜでしょうか。

ドベリ　簡単です。私たちの脳が今も狩猟・採集民の時代に最適化されているためです。人類が地上に存在し始めてからの約10万年の大半は、狩猟・採集民として生きてきました。文明は、ようやく少し体感しただけという程度です。私たちの脳は、都市、工業、グローバル化、金融市場などの概念を理解できるように最初から設計されているわけではありません。

今も私たちを縛る、複数の人の行動をそのまま真似る「社会的証明」は、現代の金融市場にもしばしば現れますが、これは狩猟・採集民の特徴的な行動です。
セレンゲティの大草原で、周囲の人々が突然あなたとは反対方向へ、逃げるように走っていったなら、あなたはどのように行動するでしょうか。何も言わず立ったまま、なぜ皆が走るのか調べますか？　あるいは必死に逃げ出すでしょうか？　私たちは皆、他人について走り出した人々の子孫です。黙って立っていた人々はライオンのエサになり、人類の遺伝子プールから消えていったことでしょう。社会的証明は私たちの脳裏にそれほどしっかり刻みつけられています。私たちは現代の文明社会に合わせて進化できたわけではなく、相変わらず社会的証明の枠の中に閉じ込められ、ただ単に狩猟・採集民が洋服を着ただけなのです。

――時間のない読者のために、数ある思考のエラーのうち特に大きいエラーをいくつか選ぶとしたら、どれを選びますか。

ドベリ　まず、あらゆるエラーの母として「確証バイアス」が挙げられます。人は自分が確信していることを正しいと証明してくれる証拠だけを固く信じます。次に、先ほど話した「社会的証明」も大変よくない、危険な行動エラーです。権力や権威ある人の話を何でも信じる「権威バイアス」も、また危険です。世界には100万人以上の経済学者がいますが、誰一人として2008年の金融危機を正確に予測できませんでした。

今、目の前に広げられた資料を過信する「可用性バイアス」はとても狡猾《こうかつ》で、企業における大きな問題となっています。実績や統計、グラフも重要ですが、消費者の考えや労働現場の雰囲気などが無視され、全体像を見失わせます。これがダメなら代案はあれしかない、というバイアスは一種の脅迫で、政治家がしばしば用います。情報が多ければ多いほど正しい決定に近づくと信じるのも、情報エラーに陥っていると言えます。

金融トレーダーは膨大な金融情報の中に住んでいます。しかし1950年代のトレーダーより高い収益を上げていますか？　いいえ。昔のトレーダーはわずか数紙の新聞に情報を依存していても、高い収益を上げていました。グループ分けしようとする「内集団バイアス」は、実に邪悪とも言えるエラーです。民族主義、セクト主義、戦争はすべてその産物です。

——その中で、特にビジネスリーダーが警戒すべきエラーは何でしょうか。

ドベリ　社会的証明と可用性バイアスのエラーです。一分一秒が惜しいCEOはあらゆる決定を素早く下さねばならないため、この二つのエラーに最も簡単にひっかかります。他の人がやってみて安全なこと、今目の前にあって頼れるものに心が傾いてしまうのです。しかし全体像を捉《とら》えるＣＥＯならば、この種のエラーを避ける術《すべ》を知らなければなりません。

財閥グループのオーナーが最も警戒すべきは「確証バイアス」

――韓国企業は強力なワンマンオーナーの決定で動いていることが多いです。ここではどのようなエラーが起き得るでしょうか。

ドベリ　韓国の状況はよく知っています。財閥と呼ばれていますよね。リスキーシフトといって、人は集団になると個人の時よりも冒険的な決定を下すことがありますが、強力なオーナーがいると、この点ではより安全といえます。

しかし、リーダーが何回か正しい決定を下すと、徐々に自分の決定を過信する確証バイアスに陥りやすくなります。これは警戒しなければなりません。絶大な権力を持つリーダーであれば、直言する参謀が必ず２、３人は必要でしょう。決定を下す前に、参謀にはあえて反対意見を出すように頼んでください。彼らとの議論を経た後は一方的なトップダウン式で進めても構いません。むしろそのことがグローバルな舞台での競争力となるでしょう。実はＣ

ＥＯというのは非常に孤独なのです！　誰かが自分の意見に反対してくれるよう願っています。自分の観点とは異なる観点からの意見を聞きたがっています。

――成功したCEOが共通して持っているスマートな特徴は何でしょうか。

ドベリ　この質問に答えようとすると、後知恵バイアスのエラーに陥ります。成功した人の事例だけを集め、どんな共通点があるのかを事後に探るのは典型的な後知恵バイアスのエラーです。正直、成功したＣＥＯが共通して持っている特徴の一つは幸運だけかもしれません。他の人がうまくいったあらゆる事例を集めたところで、それが読者の役に立つかどうかは、誰にも分かりません。そのようなアドバイスに従って成功する人もいるでしょうが、失敗する人もいるでしょう。

しかし「何が成功を妨げるのか」を調べると、似たような事例ばかり出てきます。どうしたら成功できるかは誰にも分かりませんが、どうしたら成功できないかについては、私たちも比較的よく理解しています。悪いリーダーの最も一般的な共通点は、社会的証明のエラーをしばしば犯すということです。競合他社の特定製品が成功を収めると、悪いリーダーは「なぜああいう物を作れないのか」と部下を叱責《しっせき》します。その原因が自分にあるかもしれないのに、です。そして類似製品を出します。これは業界で後れを取ることを意味します。

またもう一つ共通するのは、悪いリーダーの多くがマイクロマネージャーだという点です。会社の些細《ささい》なことや社員一人ひとりの一挙手一投足まで管理・監督しようとします。しかし考えてみれば、ある会社が成功を収めようとするなら、どの業界に進出するかのほうが重要です。船を上手に動かすことも大事ですが、それよりも最初からいい船を選ぶほうがずっと大事なわけです。これはウォーレン・バフェットの言葉です。業界自体が好機にある時は、実力のないリーダーもそれなりに高い評価を受けることができます。一方で衰退する業界においては、あらゆることを正しく行ってもリーダーの評価が業界の衰退とともに落ちることを防ぐのは難しいのです。

実のところ、これは若者にアドバイスしたいことでもあります。就職を控えた若者は「私はこの企業に就職し、こんな仕事がしたい」と言います。彼らが会社を選ぶ際に最も重要と考えるのは、会社のネームバリューと給料です。将来的に有望な職種や業界は何かを突き詰めて考えることは、あまりありません。職業を選ぶ時に最も重要なのは、今後30年間の業界の動向なのですが。

「こうすれば成功する」より「こうすると滅びる」を把握せよ

――第一次世界大戦の原因をサラエボ事件だと教えるのは代表的な後知恵バイアスと紹介されていましたが（オーストリア皇太子夫妻が暗殺された時、誰も戦争が起きるなどとは予測できなかった。しかし現在は、その事件により戦争が勃発《ぼっぱつ》したと信じられている）、２０１３年の「サラエボ」には何がありますか。

ドベリ　（笑）今まで受けた質問のうち、最高にスマートな質問の一つです。それは私もじっくり考えてみなければなりませんね。メールアドレスを教えてもらえたら、数日考えてからお答えします。それはともかく、後知恵バイアスは考え方における最も強固なエラーの一つです。事件が起きた後だと、すべてのことが起こるべくして起きたように見えるだけです。

――あなたはテレビや新聞のニュースを見ないことで有名ですが。

ドベリ　ええ。３年以上ニュースを見ていません。ニュース過剰の時代だからです。現代人がニュースに囚《とら》われて生きるのは一種の情報エラーだと言えます。私たちの脳にインプットされる情報量がある臨界点を越えると、実際には決定の質が下がるという研究も発表されています。他のインタビューで言及しましたが、ニュースが精神に及ぼす影響は砂糖が体に及ぼす影響と似ています。刺激的ですが健康を害します。

ここで私が言う「悪いニュース」とは短く報道される速報性のニュースのことです。ベイルートで爆発が起きた、ロシアで飛行機が墜落したなどの単発的な出来事のニュースです。単発的な速報は刺激的ではありますが、世の中に対して誤った認識を植え付けます。このような表面をなぞるだけのニュースは、私たちの人生に何の役にも立ちません。ニュースを断って3年が過ぎた今も、私はまったく後れを取っていないし、文章を書く時も思考はさらに冴《さ》えています。

私たちが読むべき「良いニュース」は単発性の事件ではなく、事件を誘発する原因を考察した報道、内容がもっと長く洞察力ある深層報道のようなニュースです。今の時代、特ダネなどに何の意味がありましょう。何か大事件が起きれば30分以内にツイッターで広がります。私が編集局長になるとするならば、事件を報道する日刊紙ではなく、事件を誘発した背後にある要因を明らかにする週刊誌を作ります。

考え方のエラーを理解した後は感情のコントロールが大事

――考え方のエラーを理解したら、次はどうすればいいですか。

ドベリ　感情のコントロールです。感情は成功と失敗を左右する極めて重要な要因です。感情は、私たちのあらゆる決定に大きな役割を果たします。嫉妬《しっと》を例に挙げましょう。他の人の成功をねたましく思い嫉妬に目がくらむと、その人に追いつこうと無理をして愚かな決定を下します。重要だけれども背景をよく知らないことに関して決定を下す時は、自分がどのように感じるのかという感情のみで決定を下します。

感情というのはもともと思考を超越するように設計されているため、非常に強力です。思考や行動を制御するより感情を制御するほうがはるかに難しいということは、すでに複数の研究結果を通じて指摘されています。

――貴著を読んだ後は、何かを決定するたびにバイアスがかかっていないか、エラーを犯していないかと強迫観念を持ちます。「バイアスのバイアス」でしょうか。

ドベリ（笑）そういう読者がたくさんいます。昼に何を食べようか、ここに座ろうかあそこに座ろうかなどを決める時、どうしたら最もエラーが減らせるのか悩むそうです。

ですが、そのような心配はしないでください。私の本に書かれている思考のエラーやバイアスは、人生における大きな決断を控えた時に、改めて考えてみるためのチェックリストに過ぎません。

家を買ったり起業したりする時、職場や株式市場で大胆な決定を下さなければならない時に、エラーを最小化しようというわけです。コーラかサイダーか、こういうことを決める時は、ただ感じるままに選んでください。そんな些細な部分まで杓子《しゃくし》定規に考えていたら、人生に疲れてしまうことでしょう。ただ、本を読んだことでそう思うということ自体は、深く考えているということであり、いい反応のような気がします。

――人生の様々なエラーを診断して何を得ましたか？　さらに幸福に近づけましたか？

ドベリ　幸福と不幸が同じスペクトルにあるとは思いません。ある瞬間に幸せを感じながらも人生全体ではいくらでも不幸になれます。ここでも引くことを試みています。つまり幸せになろうと人為的に努力するより、人生を不幸にする要素を減らしていくのです。

２５００年前のギリシャ人も、可能な限り不幸を避ければ幸福は向こうからやってくると信じていました。幸福や喜びは非常に短い時間だけ続く感情です。心理的にどんなに素晴らしい幸福感も、最長で1時間しか続きません。人間はその時間が過ぎるとまた他の悩み事を考え出します。

幸福は少しの間だけ噴き出すものです。長期間にわたって不幸を感じない状態に至ることが、真に幸せな人生だと思います。思考の失敗とエラーを減らし感情を適切にコントロールできるようになれば、その状態に達することができるでしょう。満足と表現するほうがいいでしょうか。永遠の幸福というものはありません。

『「紫の牛」を売れ！』著者

セス・ゴーディン

Seth Godin

世界で最も影響力がある経営者、世界的ベストセラー作家、企業家、変化専門家、講師など、多彩な活動を通じて人間のインスピレーションを呼び起こす全方向型の知識人。コンピュータ科学と哲学を学び、スタンフォード大学ビジネススクールのマーケティング分野でMBAを取得。ヨーヨーダインYoyodyneというインターネット企業を設立し、数百の企業のオンラインマーケティングを指導。著書に『「紫の牛」を売れ！』、『「型を破る人」の時代』、『「新しい働き方」ができる人の時代』などがある。

恐れがあればこそ仕事も人生もアートになる

ギリシャ神話に出てくるイカロスは、傲慢《ごうまん》さゆえ破局を迎える人物として描かれている。彼の父ダイダロスは有名な職人だったが、王に嫌われたためイカロスとともに高い尖塔《せんとう》に閉じ込められた。空を飛んで脱出しようと決心したダイダロスは、自分が作った翼をイカロスにつけてやりながら、「高く飛んではならない。太陽の熱で翼を付けた蜜蠟《みつろう》が溶けてしまうから」と言う。しかし幼いイカロスは楽しくなって高く飛びすぎ、翼の蠟が溶けて海へ墜落してしまった。

さて、この神話には私たちが意識せずに読み流している事実がある。ダイダロスはイカロスに「高く飛んではならないが、海に落ちることがあるから低く飛んでもいけない」と伝えていたのだ。ではなぜ私たちは、イカロスが高く飛んだことだけを問題にしてきたのだろうか。私たちを現実に安住させるべく飼い馴《な》らそうとした産業社会の欺瞞《ぎまん》ゆえだ。産業社会は、自分の存在を積極的にアピールしたり騒動を起こしたりしてはいけないと私たちを洗脳したのだ……。

『「紫の牛」を売れ！』(ダイヤモンド社、2004年)、『「新しい働き方」ができる人の時代』(三笠書房、2011年)など、ビジネス書で世界的なベストセラーを生んだセス・ゴーディンの主張だ。彼は最近出した『「型を破る人」の時代』(三笠書房、2014年)で、私たちが今まで信じてきたイカロスの神話はトリックだと述べている。

彼の代表作『「紫の牛」を売れ！』は2000年代に世界で最も知られたビジネス書のうちの1冊であり、彼のブログは訪問者数の多い有名サイトの一つである。

今は情報、技術、製品があふれる過剰の時代だ。このような世の中で求められるのは、まさにイカロスのようなタイプである。すなわち、他の人々と違うことをし、失敗を恐れず新しいことに挑戦し、「安全地帯」から果敢に飛び出していくことができる人物。ゴーディンはこのような人々を「芸術家」と呼ぶ。

彼の言う芸術家の精神とは、『「型を破る人」の時代』で触れられている「神業《かみわざ》」とも重なる。日本語の「神業」は、人間が見せかけや自身の能力に対する憂慮の念を振り払い、純粋に情熱だけでものごとに取り組み、追求する時に達する境地のことを指す。ゴーディンは

「見返りを求めず、自分のすべてを注《つ》ぎ込むという意味にも解釈できる」と言った。

彼は日本の88歳（インタビュー当時）になる鮨《すし》職人、小野二郎を例に挙げた。小野二郎は世界最高齢のミシュラン三ツ星シェフで、彼の生涯を紹介したドキュメンタリー映画『二郎は鮨の夢を見る』まで制作されている。彼のたった一つの夢は「完璧《かんぺき》な鮨を握ること」だ。完璧な鮨を握るため、毎日見習いのように心を込めて鮨を握り、死ぬまで、前の日より少しでもいい鮨を握るというのが彼の人生の目標だ。

ゴーディン　東京には数多くの鮨屋があります。しかしなぜ人々は、ひと月に何度か、特別にその店を訪ねるのでしょうか。それは店の主人が芸術家だからです。彼の仕事に対する態度は他の人とは違います。鮨を握ることをただの作業とは見ていません。彼の態度は、失敗を恐れず、常に挑戦する芸術家の態度なのです。このように全身全霊を傾け、自分の持つものをたった一人にでも十分にきちんと伝えられたなら、それが「神業」であり芸術家の境地です。

――あなたは自分を芸術家だと考えていますか？　もしそう考えるなら、いつ労働者から芸術家へ変わったのでしょうか。

ゴーディン　自分の人生で最大の方向転換をしたのは、生活のために周囲の人全員の期待に応《こた》えるように働くことをやめて、自分の好きなやり方で仕事を進めるようになった時です。

——仕事をしていて、どんな時に自分を芸術家だと感じますか。

ゴーディン　ありえないことや、他の人に注目されないことを追い求めている時です。他の人から「そんなの、うまくいくわけがない。放っておけ」と言われても、最後まで追求する時です。

もちろん自分のしたことが人を満足させられない時もあるでしょう。でも、いいのです。すべての人を満足させることはできませんから。大事なのは、自分がそれを楽しんだという事実です。

セス・ゴーディンの出世作『「紫の牛」を売れ！』で最もよく使われた形容詞はおそらくremarkable（注目に値する）だろう。ゴーディンの格好も remarkable だ。トレードマークのきれいに剃《そ》りあげた頭に、透明な黄色いフレームのメガネをかけ、まばらなストライプ模様の靴下は左右バラバラだった。「なぜそんな格好を？」と尋ねると、「なぜ左右で違うんですか」という質問が会話のきっかけになるからだと言う。

恐れなくば卓越もなし

ゴーディンは代表作『「紫の牛」を売れ！』で、多くの人が remarkable なものを作り出せない理由は「恐れ」にあると言っている。恐れを克服するのは芸術家になる前提条件でもある。では私たちはどのようにすれば恐れをなくせるのだろうか。

ゴーディン　私たちは恐れをなくすことはできません。ミュージカル映画『雨に唄《うた》えば』をご覧になりましたか？　あの映画でジーン・ケリーは実に長い間、雨の中で踊っています。彼は傘を持っていましたが、何度開いたでしょうか？　彼は踊っている間は一度も傘を開きませんでした。その映画のタイトルは『傘の下で唄を』ではなく『Singin' in the Rain（雨の中で唄を）』です。ここでのポイントは「雨」です。

私たちの人生の重要なポイントは「恐れ」です。私たちは恐れなくして優れた作品を創り上げることはできません。むしろ偉大な作品の陰には必ず恐れがあると言えます。あなたは恐れとともに踊らねばなりません。恐れは私たちが芸術を生み出す過程の一部でなければなりません。恐れがないということは怖いもの知らずの状態です。それは愚かな状態であるとも言えます。ですから私たちは、恐れをなくす方法を探るのではなく、恐れと仲良くなる方法について悩む必要があります。「君が『恐れ』かい？　ようこそ。そばにいてくれてありがとう。一緒に踊ろう」と語りかけるべきです。

2003年5月『「紫の牛」を売れ！』が出版される3か月前に、彼は雑誌『ファスト・カンパニー』に要約文を掲載し、本を注文した先着5000人に、2リットルほどの紫色の牛乳パックに小さく編集して作った本を入れて送った。彼は当時をこのように回想する。

ゴーディン　見方によっては狂気の沙汰《さた》です。（机の横にある牛乳パックを揺らしながら）この中に本が入っているなんて、誰も考えないでしょう？　製作している間は、ずっと怖かったのです。失敗したら完全に私の責任ですし、失うものも非常に大きかったわけですから。しかし重要なのは、何かを恐れることなしに優れたものを作ることはできない、ということです。恐れがないということは捏造《ねつぞう》や詐欺です。私たちは恐れを抱き、その恐れから何かを学び、さらに一歩先に踏み出すことができた時に、何か偉大なことをやり遂げられるのです。

失敗しなければ解雇する

彼の書斎には漫画のキャラクターのフィギュアや紫の牛のような独特の置物があり、各国の言語に翻訳された彼の本が壁一面を埋めている。世界的なベストセラー作家としての成功までの過程が、そのまま並べられているようだった。しかしゴーディン自身は「この部屋は私の失敗の痕跡《こんせき》で満ちている」と言う。

ゴーディン　私はこれまでに数多くの失敗を重ねてきました。例えば1990年代初頭、インターネットでとても面白そうなことが起きていることを知り、それに関する本を書きました。この『Best of the Net（えり抜きのネット）』という本はわずか400部しか売れませんでした。書くために使った時間と努力を検索エンジンに投資していたら、ヤフー設立にも寄与できたことでしょう。（ヤフーの時価総額と自分が持つヤフー株から計算すると）数百億ドルを稼ぐチャンスを逃したのです。

しかし彼は「自分の失敗を誇らしく思う」と言った。彼は二度の起業経験を持つ事業家でもある。1995年にオンラインマーケティング会社を設立してヤフーに売却、2005年にはSquidooという情報共有サイトを作った。彼は事業でも多くの失敗を経験していると言う。顧客と会っている場でノートパソコンに火がついたこと、給料日に社員に給料を払えなかったこと……。彼はそのすべての失敗が、自分の芸術の一部だと言う。

彼は数年前、70人の部下のうち最も優れた3人が、入社以降何の失敗もしてないことを知った。彼は全社員の前でその3人に「君が今後2週間以内に大きな失敗を犯さなかったら、私は君を解雇するだろう」と伝えた。それは彼の本心だった。「大きな失敗を経験しないと芸術家にはなれないから」と。

吸血鬼のような批判は無視しろ

ゴーディンは、今まで私たちは自らを安全地帯に縛りつけてきたと主張する。ダイダロスが息子に「高くも低くもなく、ほどほどの高さで飛べ」とアドバイスした、安全策のことだ。「その方向に進んだら絶対に成功できないだろう」「失敗したら君は終わりだ」という周囲からの無数の批判も、私たちを安全で楽な領域に留《とど》めてきた主犯だ。ゴーディンは「安全地帯から抜け出すには他人の批判を無視しなければならない」と言う。

――無視すべき批判と肯定的なフィードバックはどうすれば区別できますか。

ゴーディン　いい質問ですね。まず私たちが理解しなければならないのは、世の中には2種類の批判が存在するということです。

一つはあなたを非難することによって満足を得るタイプ。吸血鬼のように他人に食いつき、ぶらさがることで自分が利益を得られると考えるのです。このような批判はすべて無視してください。

それから、あなたを助けたくて批判する人々がいます。こちらはさらに2種類に分けることができます。一つはあなたを守るために、あるいは傷つく姿を見たくないために、あなたをあらゆる危険から引き離そうとするものです。例えば「授業中にそんなに何度も手を挙げるな。間違えたら恥ずかしいだろ」という批判がそうです。

もう一つは、あなたを大事に思っていて、あなたが見たいと思う世の中を見られるようサポートするために批判する人々です。彼らはこう尋ねます。「様々な角度から考えてみたか」あるいは「今のやり方をこんなふうに変えてみたらどうだ」と。このタイプの批判はあなたの人生を大きく変えることができます。

自ら責任を負い小さなことから始めよ

「芸術家になれ」という彼の主張は何人かの社員を変えることができるかもしれない。しかし組織文化という巨大な壁にぶつかると役に立たなくなってしまうのではないか。この疑問に対しゴーディンは次のように答えた。

ゴーディン　多くの人が「私はこういう仕事をしたいが、上司がさせてくれない」と言います。つまり自分は芸術家になりたいが組織がやらせてくれないということです。

組織はなぜやらせないのでしょうか。例えばある社員が上司に「私はまったく新しいことを試みようと思います。もし成功したら名声は私のものですが、失敗したらあなたの責任です」と言ったとしましょう。世の中のどこの組織、どこの上司が、そのような取引をしようと思いますか？

しかし、もし社員が自分の挑戦に伴う責任を負う気なら、多くの組織はより大きな権限を付与しようとするだろう、とゴーディンは話す。

ゴーディン　その程度の努力もしない人の「組織がそれを認めてくれない」という言葉を、私は信じません。ほとんどの組織で、個人では組織全般にわたる大きな芸術は成し遂げることができないかもしれませんが、小さな芸術は必ず達成できます。そして小さな部分で芸術を成し遂げ続ければ、いつか大きな芸術を成し遂げられるようになるでしょう。

あなたも創意に満ちたアイデアを持っている

創意に満ちたアイデアの源泉を尋ねると、すぐに彼は聞き返してきた。

ゴーディン　すべての人が、これまでに創意に満ちたアイデアをただの一度も出したことがないのでしょうか。あなたは今まで生きてきて創造的アイデアを出したことがないのですか。

——何度かはあった気がしますが。

ゴーディン　当然です！　皆同じです。誰もが創造的なアイデアを持っているけれど、それを表現するより回避するように飼い馴らされているのです。私に他の人と異なる点があるとするなら、そこですね。私は他の人と同じ程度の創造的なアイデアしか持っていない。しかし、私は他の人のように現実に順応せず、そのようなアイデアを回避しなかっただけです。「あれもできない、これも無理」という人がいたら、私はこのように話します。「あなたは生きていて一度でも面白い人になったことがありますか。もし一度でもそういう経験があるなら、また同じことができます。一度でも創造的だったことがありますか。もし二度できたなら、二度で十分です」

――本当にそうでしょうか。

ゴーディン　もちろんです。もしそうなったら、あなたは十分に報われるでしょう。今後もずっと同じことを試みようとするでしょうから。

――『「型を破る人」の時代』に「読者自らが実践しなければ人気のビジネス本の斬新なアイデアも役に立たない」と書かれています。残念ながらほとんどの読者は、あなたの本を読み「そうなんだ」と思いはしても、実践には移さないでしょう。それなのに、なぜ本を書き続けるのですか。

ゴーディン（ひとしきり笑って）なぜって、何人かは実践するからです。何人かで十分です。私は世界の読者から数千通の手紙をもらっています。その中に「私は5年前にあなたの本を読みましたが、まったく何も変わりませんでした。しかし3、4年前から本当に小さなことを色々と始め、それが積み重なって実を結びました」という手紙があります。これが本を書き続ける原動力です。

別れの挨拶《あいさつ》を交わす時に初めて、彼が、人目を引く風貌《ふうぼう》とは違い、小さな声でささやくように話していたことに気がついた。人見知りするタイプという印象だ。そんな彼にとって、文章を書くことは黙々と遂行する芸術であり、イカロスのように恐怖と虚飾を振り払って飛び出す空間なのだという気がした。

『「幸せをお金で買う」5つの授業』共著者

マイケル・ノートン

Michael Norton

ハーバード・ビジネス・スクール・マーケティング学教授。プリンストン大学で心理学修士及び博士を取得。彼の研究は『サイエンス』などの有名学術誌や『エコノミスト』、『フィナンシャル・タイムズ』、『ニューヨーク・タイムズ』、『ウォール・ストリート・ジャーナル』、『ワシントン・ポスト』などのメディアで紹介されている。2007年と2009年、二度にわたり『ニューヨーク・タイムズ・マガジン』の「イヤー・イン・アイデア」に取り上げられ、また2012年には『ワイアード』のスマート・リストで「世界を変える50人」の一人に選ばれている。

モノより体験を買う時、もっと幸せになれる

誰でも一度や二度くらい、ストレス解消のため、あるいはどん底まで落ちたプライドを慰めるために、衝動買いをした経験があるだろう。だが両手にショッピングバッグをいっぱい抱えるほどお金を使っても、虚《むな》しさは満たされない。衝動買いした物はタンスの中に押し込まれたまま、いつの間にか忘れられるのがオチだ。

果たしてお金では幸福を買えないのだろうか。ハーバード・ビジネス・スクールのマイケル・ノートン教授は、最近出版した本『「幸せをお金で買う」5つの授業』（KADOKAWA/中経出版、2014年）で、通念とは異なり「お金で幸福を買える」と主張する。ただし、それは消費で満足を感じる方法を知っていることが前提条件だ。

彼に幸せな消費の秘訣を聞くため、紅葉の季節にハーバード大学のキャンパスを訪れた。2007年と2009年『ニューヨーク・タイムズ・マガジン』の「イヤー・イン・アイデ

ア」に取り上げられ、2012年イギリスの月刊誌『ワイアード』で「世界を変える50人」の一人に選ばれた彼は、大人しい優等生という印象だ。質問をすると、恥ずかしそうに微笑みを浮かべながら、やや低めの声で丁寧に答えてくれた。

「特別な体験」に投資しろ

最近自分がお金を払ったものを2種類に分けてみよう。一つはバッグや服、靴、ＩＴ機器のように、置いておき触れることができる物質的なモノ。もう一つは旅行やコンサート、久しぶりに会う友達との夕食のような、形のない体験的なモノ。二つのタイプのうち、どちらが私たちを幸せにしてくれるか。この質問に対しアメリカ人の57％が「体験にお金を払う時のほうが幸せになれる」と答えた。ノートン教授が提示している、幸せになる五つの消費習慣のうちの一つが、まさに「物の購入にお金を使うより、体験にお金をかけろ」である。物を買う時より体験を買う時のほうが幸福感を強く得られる理由として、彼は次の二つを挙げた。

ノートン　まず、物質を通じて得られる喜びは早く薄れますが、体験から得られる喜びは、はるかに長く続きます。旅行で感じる楽しみは、バッグを買う時のワクワクより長く続くでしょう？
もう一つの理由は、時間が経つほど物の価値は下がっていくことです。物は古くなり、性能も落ち、グレードアップした新製品が相次いで発売されますからね。一方で、経験は形を残さず消える代わりに、時間が経つほど価値が上がっていきます。時が流れ過去を振り返ると、体験した当時には大変だったことも楽しいエピソードとなり、いい思い出に変わります。実際にはロマンチックでなかったとしても、結婚式が人生で最もロマンチックな瞬間として記憶されるのと同じです。結果的に物よりも経験を買う時のほうがより強い満足感を得られるのです。

――ですが、周りを見回してみると、高所得の専門職の人間は体験を消費しようとしても多忙で時間を作れないことが多いように見えます。その埋め合わせをしようと、高い物を衝動買いしたりします。

ノートン　面白いのは、お金を稼げば稼ぐほどさらに消費をするようになり、結局そのためにさらに仕事が増えるという点です。そうなると自らが楽しむことのできる時間を奪われます。まるで罠《わな》にかかったかのように悪循環が続くのです。お金をたくさん稼いで大きな家を買えば、その家を維持するためにさらに長時間仕事をしなければならず、その結果自分のために投資する時間が減ります。

――このように時間がない人々はどうすれば体験を消費できるでしょうか。

ノートン　金銭と余暇時間の多少にかかわらず、自分のための投資、経験を得るための投資はいくらでもできます。体験に投資するというのは、必ずしも2週間の海外旅行といった大げさな内容である必要はありません。好きな人と会って話すといったささやかな体験でも幸福感は得られるからです。短時間で些細《ささい》な経験かもしれませんが、物を購入するよりも幸せを感じることができます。

――韓国ではブランド消費が過熱し、社会問題になったことがあります。周りが皆シャネルやルイ・ヴィトンのバッグを持っていて、自分だけが持っていないと不幸だと感じます。

ノートン　私たちが持つ内面的な資質を、他の人と比較するのは困難です。「自分はあの人よりいい父親だ」「私のほうが横に座っている人より人格が優れている」と言える基準はないでしょう？　一方で持ち物を比較することは相対的に容易です。「私はあなたより収入が多い。うちの家や車はあなたの家や車より大きい」と言うほうがずっと明快です。だから比較をする。

しかし大きな家に住む人は小さな家に住む人よりも必ず幸せだと言えるのでしょうか？　小さな家から大きな家に引っ越したら、さらに幸せになれるのでしょうか？　必ずしもそうではありません。私たちは物をもって人と比べる習慣を捨て、もう少し健全な方法で比べる必要があります。「自分が配偶者に対しどのぐらい誠実で優しくしているか」「子供や友達のためにどれだけ多くの時間を割いているか」のような基準ですね。

――最初からお互いを比べなければ、問題はもっと簡単だと思いますが。

ノートン　簡単でしょうが、それはありえません。私たちは常に人に囲まれていて、常に人を目にしています。すると自然に比較が始まります。「あ、あの人は私より背が高いな」というふうに。ですから「人と比べるのはやめましょう」とは言えません。どうせ比較をやめられないならば、もう少し健全なやり方で比較をしようということです。

先に払い、後から消費せよ

一般的に私たちの社会では、家を所有することが幸せになるための必須《ひっす》条件だと考えられている。だがノートン教授は「住んでいる家と幸福指数は比例しない」と言う。

ノートン　家を買うために多額のローンを組まなければならず、ローンを返さなければならないというストレスや経済的な負担感に苛《さいな》まれるとするならば、それでも家を持たなければならないのでしょうか。幸せは「偶然見つけたカフェで飲んだカフェラテがおいしかった」といった、ささやかな日常の経験で感じるものです。

ところが家のために毎日ストレスを感じなければならないのなら、それは確実に幸福指数に大きな悪影響を及ぼすでしょう。さらに、郊外にある家を買ったために毎日通勤に数時間かかるということになれば、ストレスは増えるばかりです。通勤時に渋滞に苦しめられる会社員の多くは、高級車を買ってストレスを減らそうとしますが、高級車は通勤の苦痛を緩和するのにはあまり役に立ちません。かえって自動車ローンを返すためにさらに長時間仕事をしなければならない悪循環に陥りやすくなります。

むしろ職場の近くに引っ越すとか、そもそも電車通勤に切り替えるとか、余裕ある時間を確保するための支出のほうが幸福感を高められる可能性があります。つまり「時間を買って満足感を得ろ」ということです。

ノートン教授が提示した幸せになるための消費の習慣、もう一つは先に払い後から消費する「先払い後消費の法則」だ。目の前にあるチョコレートを、すぐに食べるより30分ほど待ってから食べるほうが、期待感が増すためにチョコレートがよりおいしく感じられる、というのと同じ論理だ。

この論理を活用したケースが、毎月会員に新しい化粧品を詰めたボックスを配達する、アメリカのバーチ・ボックスだ。会員は月初めに代金を払い、支出の負担を忘れた約2週間後に物を受け取って喜ぶ。創業者のヘイリー・バーナによると、顧客はバーチ・ボックスを無料のように感じているそうだ。

しばしやめてから再び始めよ

幸せになるための支出の習慣について話を聞いているうちに、逆に幸せになるための貯蓄の習慣は何か、気になってきた。人が貯蓄を負担に感じる理由は、貯蓄が今使える金を先送りする行為、つまり今感じられるはずの幸福感と満足感を後に遅らせる行為であるためだ。ノートン教授は貯蓄を面白さと結びつけなければならないと言う。

ノートン　子供たちは豚の貯金箱にコインを入れる時に楽しさを感じます。それはお金を貯《た》めるというより、豚の形をした物にエサ（コイン）を与えることで得られる楽しさです。電子メールで取引の内訳や残高を知らされるだけでは、貯蓄に対する関心を高めることができません。貯蓄という行為が「引退したら年に何度かは旅行に行くんだ」というような、後になって起きる、楽しくエキサイティングなことと結びつくと、もっと強い動機が生まれるでしょう。

――消費の楽しみを育てながら同時に支出の負担感を減らすには、どのような努力が必要でしょうか。

ノートン　人々が1日にどのぐらいコーヒーを飲むか調査したことがあります。スターバックスだとコーヒー1杯で5ドルほどです。1日に2杯飲むとしましょう。すると10ドル使います。そんなに高いという感じはしませんよね？　ですが1週間で70ドル、1年なら数千ドルになります。多くの人が「お金がなくて旅行に行けない」と言いますが、たいていの場合は旅行に行くお金でコーヒーを飲んでいるのです。

または聞きもしない曲を数千もダウンロードするのに iTunes に数千ドル払ったりもします。これは実際のところ、私たちの人生の大部分にも当てはまります。必要でもない物、使うこともない物にお金をかけているのに気づいていないのです。

ですから自分たちが本当に望んでいるものは何なのかを知り、消費をする時は常にそのことを念頭に置くよう、考え方を改めなければなりません。


彼は本を書いた後、自分の消費の習慣も変わったと言う。彼が身につけるのが最も難しかった習慣は、消費の満足感を最大化するために今味わっている楽しみをしばらく先送りすることだった。

これは幸せになるための消費習慣の一つ「特別なことにする」とも通じる。例えば毎日カフェラテを2杯ずつ飲む人ならば、「週に一度ラテを飲む日」を決めよとノートン教授はアドバイスする。するとラテを飲むという平凡に見える行為が特別な経験となり、毎日ラテを飲むよりも、ずっと大きな満足感を得られるというわけだ。

ノートン　自分がまさに今、楽しんでいることをやめ、一定の時間を置いてから再開することは容易ではありませんでした。しかし習慣になった後は満足感がずっと強くなりました。これは消費以外のことでも当てはまります。好きなテレビドラマを1話から7話まで続けて見るより、一番面白いところで見るのをやめるのです。続きがすごく気になります。何日か経ってから続きを見れば、はるかに面白く感じられるでしょう。

――教授の提示した幸せになるための消費の習慣は、普通の人もある程度は本能的に知っているような気がするのですが、人々が試行錯誤しながらも幸せな消費をできない理由は何でしょうか。

ノートン　人生において何が良いことなのか、自分で決めるのが難しいためです。健康を維持するためにはアイスクリームを食べずジムで運動したほうがいいと知っているのに、たびたび運動をさぼりアイスクリームを食べてしまうのと同じです。ですから私たちは消費する時も十分なトレーニングが必要です。「この消費は本当に私を幸せにしてくれるだろうか、私に本当に必要な消費なのか」とね。

ノートンが提唱する幸せになるための五つの消費習慣

物ではなく体験を買う
物は消えるが、体験はずっと記憶に残る。
平凡な経験を特別なことにする
好きなことをしばらくやめてから再開すると楽しみが大きくなる。
時間を買う
時間に余裕が生まれれば経験に投資できる時間が増える。
先に金を払い後から消費する
待つ楽しみのおかげで消費の満足度が高まる。
他の人に投資する
誰かを助けるためにお金を使うと、自分のために使う時より幸福を強く感じる。

『銃・病原菌・鉄』著者

ジャレド・ダイアモンド

Jared Diamond

カリフォルニア州立大ロサンゼルス校（UCLA）地理学科教授。世界的な文化人類学者であり文明研究家、博学な人類学的知識を伝える作家でもある。生理学の分野で科学者としてのキャリアをスタートさせた彼は鳥類学、進化生物学、生物地理学へと研究領域を広げていった。世界的な科学誌『ネイチャー』、『ナチュラル・ヒストリー』、『ディスカバー』などにコラムを寄稿しており、これらの科学誌の論説委員としても活動している。著書にはピューリッツァー賞ノンフィクション部門を受賞した『銃・病原菌・鉄』や『昨日までの世界』、『人間はどこまでチンパンジーか？』、『文明崩壊』などがある。

スマートフォンではなく顔を見ないと本当の心は見えない

『銃・病原菌・鉄』（草思社、２０００年）、『文明崩壊』（草思社、２００５年）など世界的ベストセラーの著者ジャレド・ダイアモンドＵＣＬＡ地理学科教授は、コンピュータ音痴だ。これまでコンピュータを学んだことがないと言う。２０１３年８月に訪ねた彼の研究室にもコンピュータはなく、机の上には古いテープレコーダーと生テープがたくさん積まれていた。

ダイアモンド教授は「本を書く時はまず、ペンでノートに書いてから音読し、テープに録音する。それを秘書が聞いてコンピュータに入力する」と言う。インタビューのために記者とやりとりした電子メールも同じように秘書が作成したのだと続けた。ＵＣＬＡのキャンパスで会った彼は、明るいオレンジ色のシャツに茶系の綿パンツといういでたちで、散歩に出てきた近所のおじいさんといった感じだった。研究室の壁には、妻と遅くにできた双子の息子の写真がたくさん飾られ、『銃・病原菌・鉄』に登場するニューギニアの人々の写真が貼られていた。故郷のボストン特有の強いイントネーションが残る話し方が印象的な彼は、インタビュー中、質問が終わる前に「ええ！　その通りです」と興味深そうに答えたりもした。

——コンピュータを使わないメリットは何でしょうか。

ダイアモンド　コンピュータは時間をひどく無駄にします。もちろん秘書がいなければ私もコンピュータを使うしかなかったでしょうが、有能な秘書がいるおかげで、毎日電子メールを確認して邪魔なスパムメールを消したり、バイアグラの広告を見せられたりする必要がありません。世界各国から「これをしてほしい、あれを頼む」と送られてくる依頼をいちいち検討する必要もありません。秘書が重要なものだけ選んで印刷して持ってきてくれます。妻も毎晩、家に戻って1時間半ほどコンピュータで色々と処理をしてくれます。その間、私は本をひと文字でも多く読み、息子と会話を交わします。

——インターネットも使わないそうですが、それでは時代の変化に追いつけないのでは。

ダイアモンド　反対です。むしろインターネットを使う同僚よりも生産性は高いです。コンピュータを使うと時間を浪費するためです。検索が必要なら秘書に頼みます。つまりコンピュータのメリットは享受しつつも欠点は最大限避けているのです。

――若者のニューメディア、SNSによるコミュニケーションは喜ばしくないのですね。

ダイアモンド　そうです。SNSやスマートフォンは人間関係の発展に好ましくないものだと考えています。実際、非常に良くない現象です。人が人と話をする時、集中力を最大限発揮しなければ、社会的信号 social signal を捉えることができません。表情、語り口、目つきから読み取れるはずの相手の本心や真意を把握することができなくなります。日本では合コンに参加した男女が顔を見て話すことができず、スマートフォンのメッセンジャーで会話をしたという話も聞きました。

伝統社会から学ぶ

――ずっとニューギニアのような伝統的な社会を研究されてきましたが、ニューギニアのような所に滞在しアメリカに戻った時に即座に感じる最大の違いは何でしょうか。

ダイアモンド　空気が違います。あちらには車や油、化学製品のにおいがありません。車の音もしません。色も違います。灰色のコンクリートの世界ではなく緑の森林が広がっていて、鳥のさえずりがあちこちから聞こえてきます。そしてすべての会話は、このインタビューのように人対人、対面で行われます。

一方でアメリカやヨーロッパのような文明社会では人対機械のコミュニケーションが中心です。人と人が会って話をしようとしても、特に若い世代は対話中も大半の時間はスマートフォンなどを見ています。これでは一体誰と話しているのか区別もつきません。ニューギニアでは話をする時、相手側から細心の注意 full attention が払われます。目と目はお互いを見つめ、耳はスマートフォンの電子音ではなく相手の声に集中します。

――数千年前の生活様式を守る伝統的な社会から、現代文明が何かを学べると考えるようになったのはなぜですか。

ダイアモンド　50年間、ニューギニアを中心に伝統的な社会を研究しながら「人の住む所はどこであってもまったく同じだ」と感じることがよくありました。伝統的な社会は私たちの有する物質的な豊かさや医療技術がなく期待寿命が短いだけで、他の部分は似たようなものです。子供の教育、老父母の扶養、資源の配分など、現代社会が経験するのと同じ問題に悩んでいるわけですが、内容によっては現代社会より優れた解決策を生み出したりもしています。また伝統的な社会は、社会ごとに大きく異なります。

一方、アメリカ、日本、韓国、ドイツ、イスラエルなどの現代社会は、実際のところほとんど同じです。皆、洋服を着て会社に出勤し、学校で子供たちに教えます。伝統的な社会では、すでに様々な研究もありますが、人間社会をどのように構成し整理しなければならないか、数々の実験が行われていると言えます。人間社会の根本的な問題点、例えば老人問題をどのように扱うべきか、子供はどのように育てるべきか、社会を本当に脅かすものは何か、等々です。

——ところで、なぜわざわざニューギニアに行ったのですか。

ダイアモンド　大学を卒業するまでヨーロッパ以外の国は行く機会がありませんでした。卒業してすぐの頃、冒険を求めて世界のどこかへ旅立ちたいと思い、25歳だった1963年に大学の友達とペルー旅行を計画しました。アンデス山脈とアマゾンのジャングルを旅して、第三世界の神秘さとその魅力に気がつき、それで翌年、世界で最も人里から離れた所に行ってみようと意気投合したのです。それがニューギニアでした。当時のニューギニアは石器文明を維持したまま暮らす人々がいて、さらに外部とはまったく接触しない原始的な部族がいることが知られていました。何だかロマンを感じ、その時から今までの50年間、ほとんど毎年のように行っています。

――原始社会と表現してもいいのでしょうか。

ダイアモンド　それはポリティカル・コレクトネスな表現ではありませんね。しかし技術的に原始社会であるということには同意します。20世紀中もニューギニアでは石製の道具が使われていましたし、文字もありませんでした。中央政府の代わりに部族長が統治しており、医療技術や製造業も当然ありませんでした。

しかし原始的なのはあくまでも技術的な側面であって、決してニューギニアの人々の知能や感性が原始的ということではありません。私はニューギニアに着いたその日に、現地の市場で中年女性と値段の交渉をしている時に、技術以外はすべての面でアメリカ人と同じように賢いということに気づきました。

これは後に私の著書『銃・病原菌・鉄』のテーマにもなりました。知能面でまったく同じ人間なのに、なぜニューギニアは20世紀になっても石器時代に留《とど》まり、ヨーロッパとアジアは発展したのか疑問に思ったのです。見方によっては、人間関係や長く続く友情、老人に対する態度など、伝統的な社会のほうが良い点もあります。どちらかが優れていると単純に判断することは難しいでしょう。

現代文明はWEIRD

——現代文明を「WEIRD (Western, Educated, Industrialized, Rich, Democratic の頭文字を取ると、偶然にあるいは意図的に『奇妙な』という意味の単語となる)」と定義されました。順序を変えれば「WIRED (インターネットにつながれた)」または「WIDER (より広い)」文明と呼ぶこともできましたが、あえて「WEIRD」と命名した理由があるのでしょうか。

ダイアモンド 「WEIRD」という言葉は私が作ったものではありません。社会学者らが作った言葉を借りました。私にはぴったりの言葉に思えます。と言うのは、現代文明を過去数万年の人類の文明全体と比較すると、明らかに特異だからです。字を書き、鉄製の道具を使い、中央政府の言う通り生きていく現代文明は、長い人類の歴史から見れば非常に奇妙です。５００年前でさえ数千の部族が文字も服もなく生活を営んでいたのですから。

――前作『文明崩壊』でイースター島、グリーンランドなどの文明社会がどのように崩壊したかを扱われました。ＷＥＩＲＤな文明社会で最もうまくいっていない部分はどこでしょうか。

ダイアモンド　当然ながら持続可能でないエネルギー消費です。現代社会は大変な速さで資源を消費しています。きれいな水、化石燃料が50年後にも残っているか疑問です。乱獲のため食用にできる魚が残っていない可能性もあります。

二つ目は子供の養育です。私たちは、両親に過度に依存的で社会適応力の低い子供たちを量産しています。西洋人がニューギニアに行くと、子供たちの堂々とした様子に驚くことがあります。ニューギニアの子供は10歳ぐらいですでに社会性をほとんど身につけていて、自律的に判断し行動します。ニューギニアの市場で物を売る10歳の子供と値段の交渉をしたことがあります。アメリカの10歳の子ならどうするでしょう？　ニューギニアでは、子供が自律的で責任感を持ち、自らで決められるように育てます。両親が常にそばについて小言を言ったりお説教をしたりする代わりに、失敗を犯して学べるようにします。私と妻はニューギニアでその方法を知り、子供を育てる時はできる限り自由を与えました。自分で考え、決めて行動することができるよう全面的にサポートしました。

医師になることを諦め探険に出かける

——お父様が医師で、医師になろうとした時期もあったのに、なぜならなかったのでしょうか。

ダイアモンド ハーバードで生化学を専攻し、ケンブリッジでは生理学で博士を取りました。確かに子供の頃の夢は医師でした。父が小児科医だったので、周りの皆からも医者にならなければならないと言われました。ですが、学部生の時に私は使命を悟りました。父のように診察室に座って一日中患者の相手をするのは、私の適性に合っていませんでした。人間、動物、植物などの生命について調べることが一番楽しかった。これほど好奇心を刺激するものは他にありませんでした。それで最後の学期に、メディカルスクールから合格通知を受け取りながら進学しないことを決めました。専攻を少しずらし、研究や実験、探険のできる生理学を勉強しました。もし医者になっていたなら毎年ニューギニアを訪ね、数か月ジャングルを探険し鳥を観察できたでしょうか（彼は生理学の分野で科学者としてのキャリアをスタートさせ、鳥類学、進化生物学、生物地理学、文化人類学へと領域を広げていった)。

――数多くの著書のうち最も愛着がある作品は何でしょうか。

ダイアモンド　う―ん……。双子の息子のうち、どちらが好きか尋ねるような質問ですね。最も愛着がある作品は、何と言っても『銃・病原菌・鉄』です。読者に最も好まれた本ですから。ですが、最もよく書けたと思うのは1冊目の『人間はどこまでチンパンジーか?』(新曜社、1993年)です。読者にとって最も興味深い本でしょう。バッハの音楽について書いた本もあって、あまり人気はありませんでしたが、個人的に愛着のある作品です。

複雑な人生を恐れずに答えを探せ

――76歳なのにかくしゃくとしていらっしゃいますが、健康を保つ秘訣《ひけつ》は何でしょうか。

ダイアモンド　双子の息子が20代半ばなのですが、週に3回子供たちと一緒にジムへ行き、ウェイトリフティングで競い合っています。そして毎日、鳥類を観察しながら4キロほど歩きます。様々な鳥を観察して図鑑と比べるのは頭の運動にもなります。あ、それからコンピュータを遠ざけることも、やはり健康を維持する方法の一つと言えるでしょうね。

――学者として後世に残したいメッセージはありますか。

ダイアモンド　一つ目は、人生は複雑だということです。誰かが単純な答えを出してきたら、それは間違った答えです。複雑さを恐れずに答えを探せ、と伝えたいですね。

二つ目は、人間の多様性を学ばねばならないということ。世界には異なる数百の社会が存在します。その一部は、現代社会の問題点についてWEIRD文明より賢明な解決策を持っています。

三つ目は、持続可能な環境保全の問題を深刻に受け止める必要があるということ。エネルギー、資源、水、このようなものは、あなたが人生において骨身に染みて経験することになり得る問題です。40年以内に解決策を見出《みいだ》せなければ、永遠に機会を失うかもしれません。

第二部

代わりのきかない「自分」の創り方

「どうすれば、かけがえのない自分になれますか？」

自分自身の力で世界を切り拓いてきた5人が、その情熱を語る。

自らを変えるヒントが詰まった、珠玉のメッセージ。

『ハイ・コンセプト「新しいこと」を考え出す人の時代』著者

ダニエル・ピンク

Daniel Pink

世界的に有名な未来学者でありベストセラー作家。彼は社会の変化を予測し、経済、心理など様々な分野の研究結果や実際の事例をもとに新しい未来の姿を提示してきた。『ファスト・カンパニー』、『ニューヨーク・タイムズ』、『ワシントン・マンスリー』、『ニュー・リパブリック』などに経済、技術、労働に関する文章を寄稿。最も影響力のある経営思想家50人を隔年で選出するThinkers50で2013年度には13位となる。著書に『人を動かす、新たな３原則　売らないセールスで、誰もが成功する！』、『ハイ・コンセプト「新しいこと」を考え出す人の時代』、『モチベーション3.0　持続する「やる気！」をいかに引き出すか』などがある。

現代人は皆、顧客の心を虜にしなければならないセールスマン

世界的な未来学者ダニエル・ピンクのインタビューは午前8時、彼の自宅で行われた。急な日程のため当初の予定を変更して早朝にアポイントを取ったのだ。

一戸建ての離れをリフォームして作った彼の仕事場に入ると、読みにくい筆跡で書き込まれたホワイトボードが最初に目に入ってきた。彼は「アイデアが思い浮かぶたび忘れないようボードに書いている」と、気まずそうに笑った。

壁一面を占めている本棚には本がぎっしりと並んでおり、彼を世界的ベストセラー作家にした『ハイ・コンセプト「新しいこと」を考え出す人の時代』（三笠書房、2006年）、『モチベーション3・0　持続する「やる気！」をいかに引き出すか』（講談社、2010年）の間に最新作『人を動かす、新たな3原則　売らないセールスで、誰もが成功する！』（講談社、2013年）が見えた。

誰もがセールスマンの時代

新作で彼は「この時代は事実上誰もがセールスマンだ」と主張する。例えば医師は患者に処方を売り、弁護士は陪審員に評決を売り、教師は学生が聞くに値する授業を売る。他人を説得し納得させ、自分の願う方向に行動するよう仕向ける行為は、基本的にセールスマンが物を売るのと違いがないというわけだ。

彼は濃いめのブラックコーヒーをたっぷり注《そそ》いだマグカップを持ってきて、記者と向かい合って座った。早朝のためか少し疲れたような顔をしている。しかしいざインタビューが始まると、彼の声はすぐに活気を帯び始めた。雄弁家で有名なアル・ゴア元副大統領の首席スピーチライターを務めた彼らしく、あたかも何を話すか準備していたかのような滑らかな口調で、よどみない答えが返ってくる。

人々は「セールス」という行為をどのように定義しているのだろうか。彼は「セールスという言葉を聞いてどんな単語が最初に思い浮かびますか」というアンケート調査をしてみた。その結果、最も多かった答えは「お金」だった。確かに今までの売買というのは、自分がセールスマンにお金を払いセールスマンは自分が要求した物を提供するという形で行われていた。お金と商品の交換である。だがピンクは「今では売買の範囲がさらに広くなり、その性格も変わった」と説明する。

ピンク　現代社会における職場では、ホワイトカラー同士で、過去とは違った種類の交換が行われています。私があなたのボスだとしたら、あなたは私のために時間と労力を提供し、私はそのことで何らかの利益を得ることになります。例えば、プロジェクトを進める時にライバルを抑え優位な立場を得る、というように。そしてその結果、私が得たものをあなたに分けます。これもやはり取引です。

今まで私たちが取引と呼んでいたものは、ドルやユーロのような金銭が価値を測定する基準でしたが、現代の取引は時間、労力、エネルギー、信念、献身のような価値で測定されることになります。たとえ私たちが意識できていなくても、現代社会のほとんどあらゆる分野、すべての職場でこのような価値交換が日常的に成立しています。そういう意味で、私たちは皆セールスマンだと言うことができるでしょう。

彼はこのように物以外を販売する行為を「非販売セールス」と名づけた。彼がアメリカの正規職の労働者7000人を対象に調査した結果、職場で約40％の時間を非販売セールスに費やしていることが分かった。

人はなぜセールスに否定的なのか

――私たちはなぜ自らがセールスマンであるという事実を意識できないのでしょうか。あるいは意識している場合も、なぜ自らがセールスマンであるという事実を否定的に受け入れる傾向が強いのでしょうか。

ピンク まず、一般的にセールスに対する印象が非常に悪いためです。「セールス」という単語からは、不正直で、消費者をだます、意図的、不適切な行為という印象を受けます。このため人は自分がセールスマンであるという事実を否定しようとするのです。

次に、セールスの過程では拒否されることを避けられないためです。世界のどこの国であろうと、どんな言語を使っていようと、人は拒絶されることを好みません。

しかし二つの理由のうち、一つ目は非常に時代遅れです。セールスマンと消費者の「情報の不均衡」から来ている見方だからです。昔はセールスマンが消費者よりはるかに多くの情報を有しており、そのためセールスマンが消費者からぼったくることも多かった。しかし現在、私たちは「情報の均等化」時代に生きており、セールスマンと消費者は対等になったのです。

情報の不均衡が横行していた過去の世界を、ノーベル経済学賞を受賞したジョージ・アカロフ教授は「レモン市場理論」でうまく表現している（〝レモン〟にはもともと欠陥品、不良品という意味がある）。

アカロフ教授の理論によれば、中古車は良品と不良品すなわちレモンに分けられる。品質の落ちたレモンは当然安く売られるべきだが、車がレモンなのかレモンでないのかを区別できるのはすべての情報を把握しているセールスマンだけだ。相対的に情報アクセシビリティが低い消費者は、危険負担を承知で物を買うしかなかった。

だが「インターネットの時代になって状況は変わった」とピンクは主張する。中古車の購買者はインターネットを通じて販売者が提示した価格が合理的かどうかを検証できるようになり、消費者を欺く販売者はインターネットで嘘つきの烙印《らくいん》を押されるようになった。

――消費者は情報の均等化を歓迎するでしょうが、セールスマンは情報の均等化のために過去には存在しなかった危険負担を抱えると同時に、無限の競争にさらされることになります。すべての人がセールスマンとなる世界はユートピアでしょうか、ディストピアでしょうか。

ピンク　非常に興味深く複雑な質問です（彼は考えに浸り「興味深い」という言葉を何度も繰り返した）。まず情報の均等化が消費者に良いという点は異論の余地がありません。一方であなたのご指摘の通り、セールスマンはこの状況をそれほど歓迎はしないでしょう。ですが、これが今日私たちの生きている世界であり（声を強め）、セールスマンはそれに適応しなければなりません。

　これまで多くの経済学者が「情報の平等が完璧《かんぺき》に達成され、取引費用のかからない世界」を仮定してきました。それが理想的な社会の姿だと考えたわけです。その定義に従えばユートピアは存在しません。

　しかし私たちの生きる世界はユートピアに近づいていると思います。情報の均等化が進むことで、はるかに効率的で公正な社会、言い換えれば理想的な社会に近づいています。セールスマンと消費者が対等であるため、より合理的で公正な取引が成り立つわけです。それでも今はまだ改善すべき部分が多くユートピアとは言えないでしょうね。

どのようにセールスを差別化するか

――過去に「未来はハイテクではなくハイ・コンセプトが必要な社会になるだろう」とおっしゃっていました。未来のセールスにおいてハイ・コンセプトは何を意味するとお考えですか。

ピンク 良い質問ですね。セールスにおけるハイテクとは「あなたが必要な時に必要な情報をいかに得られるか」です。この面ではコンピュータが素晴らしい役割を果たしています。一方でハイ・コンセプトは「いかにコンピュータに解決できないサービスを提供できるか」になるでしょう。

――例えば?

ピンク (少し考えてから天井を指差し) 電球が一つ切れたとしましょう。私は新しい電球を必要としています。普通のセールスマンならこう考えると思います。「切れた電球の代わりに、どんな電球が必要? どんな種類の電球?」。そしてコンピュータで色々な電球を調べてから消費者に「これこれこういう種類の電球があり、それらの特性は何で、価格はいくらで……」。このように提案するでしょう。これはハイテクの範囲です。

しかし一歩進んで考えると、電球が切れたというのはもしかしたら電気配線に問題があるかもしれないということでもあります。ハイ・コンセプトでは、セールスマンは根本的な問題点まで考えます。「電球が切れた？　問題は何だろう？　もしかするとこの部屋の住人は電気をたくさん使うのかもしれない。それならもう少しカーテンを開け、部屋に自然光を取り入れる必要があるかもしれない」と。そして消費者に、「あなたにとっての問題は電球が切れたことです。しかし電球が切れた理由は、あなたがカーテンを閉め切っていて、自然光の代わりに電気を使いすぎているからかもしれません。今後はもう少しカーテンを開け自然光を部屋の中に入れるようにしてはどうでしょうか」と提示するのです。

ハイテクではコンピュータが立派な役割を果たしますが、それだけではそのような事実を導き出すことはできません。しかしハイ・コンセプトでは、問題を電球が切れたことに限定せず、それ以上の内容に踏み込むのです。

ピンクはこのような理由を挙げ、「現代のセールスマンは問題の解決者ではなく問題の発見者にならなければならない」と著書に書いた。過去において最高のセールスマンは問題解決に優れた人だったが、今後は人々が無意識のうちに抱えている問題を明らかにする役割が求められるようになるというわけだ。

それでは消費者が抱える本質的な問題を発見するために、セールスマンはどのような能力を備える必要があるだろうか。ピンクは「質問が上手でなければならない」と言う。顧客自身が気づいていない問題を発見するためには、顧客に適切な質問を投げかける必要がある。彼はまた「過去において最高のセールスマンは顧客の質問に答えるのに長《た》けている人だったが、最近の最高のセールスマンは顧客に良い質問をする人だ」と言う。「良い質問をするには、質問リストを作ってから各々の質問の長所・短所を考え、質問の優先順位を決めるトレーニングをすることだ」と彼はアドバイスする。

ピンクは現代のセールスマンに求められる役割がもう一つあると言う。情報の「キュレーター」だ。日々あふれ出る膨大な情報を調査し整理して、その中から最も適切な情報を拾い上げ顧客に提示すること。人は情報の洪水の中を生きているが、選択肢が多すぎることを生来的に嫌うためだ。

相手の心を動かすのがセールス

セールスマンが相手の心をつかむために欠かせないものの一つは、説得力を持たせるよう要点だけを伝える能力である。１９８０年にロナルド・レーガンは、再選を目指すジミー・カーター大統領の対立候補として大統領選に出馬し、有権者に次のような質問を投げかけた。「皆さんの経済状況は４年前より良くなりましたか」

カーター大統領の経済政策のまずさを指摘するためなら「皆さんの経済状況は４年以上悪化を続けています」という平叙文で、普通にスピーチを始めることもできた。だがレーガンは短い質問を投げかけることによって有権者の胸を大きく揺さぶり、結果的にそれが当選に寄与した。

また最近の人は、毎日大量の電子メールと格闘している。そういう人にどうすれば自分の電子メールを読んでもらえるだろうか。２０１１年のカーネギーメロン大学の研究によると、人は「自分のことと直接関係があり」、「電子メールの内容が適度に曖昧《あいまい》で何のメッセージなのか好奇心をくすぐられた時」に電子メールを開く確率が高いことが分かった。

別の研究によると、サブジェクトが極めて具体的な時も電子メールを開く確率が高くなる。例えば「ゴルフの実力を伸ばしましょう」という漠然とした内容より、「今日の午後、あなたのゴルフスイングを良くする四つの方法」のように、具体的なサブジェクトのほうがずっと効果的だ。

選挙や企業広告のように大衆の心に自分を刻みつけてもらうためには一つの単語で要点を絞ることが効果的だ。2008年の選挙で「希望 Hope」を、2012年の二度目の選挙では「前進 Forward」という一語をキャッチフレーズとして使ったバラク・オバマ大統領が良い例だ。広告代理店サーチアンドサーチを設立したモーリス・サーチは「二つの単語では唯一神と言えない。神が2人では多すぎる」と説明する。

ピンクは「あなたのことを一語で表現するならば何か」という質問に対し、「考え直せ Rethink」と答えた。

ピンク『人を動かす、新たな3原則　売らないセールスで、誰もが成功する！』で私はこのように書きました。「自分がセールスマンってことを知らなかっただろう？　自分たちがやっているのはセールスなんだよ！」と。また『モチベーション3・0』では、人を動かすモチベーションについてこれまでとは異なる見方を示しました。『ハイ・コンセプト「新しいこと」を考え出す人の時代』では、今後必要とされる技術がどんなものであるかについて、自分の考えを書いています。

フィル・リービン

クラウド・サービスを提供するエバーノートCEO

Phil Libin

ロシア人で8歳の時にアメリカに移住。ボストン大学でコンピュータプログラミングを学ぶものの中退し、ボストンで通信サーバ運用プログラムの会社を作りノキアにも納品していた。彼の三度目の起業がエバーノート。これはモバイル機器とPCで同じメモを共有できる世界最大のメモアプリだ。世界中で1億人以上のユーザーを獲得している。多数の大企業から買収を提案されながらすべて断ったことでも有名。

競争ではなく、ただ製品のためにエネルギーを使う

スマートフォン市場で手に入れることのできるアプリケーションは190万に達する。そのうち記録や整理を助けるメモアプリだけで1000を超し、その大部分が無料で配布されている。無料メモアプリにはマイクロソフトのワンノート OneNote やグーグルのグーグル・キープ Google Keep のように、ITの巨人が出しているものも含まれる。

まったくお金になりそうにないビジネスだが、数年前にメモアプリ市場に飛び込み、潰《つぶ》れるどころかしっかり儲《もう》けている会社がある。エバーノート EVERNOTE だ。

社名と同じ名前のアプリを、現在は世界で1億人以上が利用している。

アメリカのIT専門誌『PCワールド』は、最も人気のある3種類のメモアプリ、エバーノート、グーグル・キープ、ワンノートの性能を比較分析し、エバーノートが圧倒的に優れていると評価した。メモアプリというたった一つの商品を作っただけのこの会社に、セコイ

ア・キャピタルを始めとするベンチャーキャピタルが2・5億ドルを投資した。社員は全部で400人に満たない会社だが、企業価値は最低でも10億ドルと評価されている（インタビュー当時）。『エバーノート・ライフ（邦訳なし）』の著者ホン・スンソンは、「エバーノートは使い方を単純化しユーザーの使いやすさを最大限考慮しているのが特徴。アップルのiPhone のように、多くのユーザーをマニアにするブランド」と言う。

ダビデが巨人ゴリアテに勝った秘訣《ひけつ》は何だろうか。シリコンバレーの小都市、レッドウッドシティにあるエバーノート本社を訪ね、フィル・リービン創業者兼CEOに話を聞いた。

競争ではなく製品が問題だ

――メモアプリは1000種類あり、グーグルやマイクロソフトまで無料アプリを出していますが、エバーノートはどうして生き残ることができたのでしょうか。

リービン　私たちが初めてエバーノートを出した当時のことを振り返ってみましょう。グーグルは最近、新しいメモアプリを出しましたが、その時もグーグルにはすでに優れたメモアプリケーションがありました。マイクロソフト、ブラックベリーもそれぞれアプリを有していました。したがってエバーノートは発売当初から無限の競争にさらされていたのです。

正直に言うと、私は他社が成功のために何をどうしているのかよく知りません。他社が自分たちを追いかけてこられないようブロックしようとも思いません。私たちはエネルギーの100％すべてを、製品をより良くするために使います。このような努力が良い結果につながったと考えています。

後ろを振り返ったからと言って、さらに速く走れるのでしょうか。他社が何をしているか気にしたからと言って、より良い製品は出てきません。競争は自分とするものです。そして一度では終わりません。毎月ユーザーに「エバーノートを使ったが、より良くなっていた」と感じてもらえるようにする必要があります。より簡単で一層使いやすくなるよう機能を改善していくのです。次のバージョンのエバーノートは現行よりも良くなっていなければなりません。

――グーグルやマイクロソフトのような巨人に押し潰され淘汰《とうた》されないだろうかと、心配したことはありませんか。

リービン　競争とは何かについて大きな誤解があるようですね。スタートアップ企業が何か面白いビジネスを始めたら、大企業が似たようなものを作り、スタートアップ企業は滅びるというストーリーを想像していませんか？

しかしアメリカでは、そのようなケースは極めて珍しいです。私の記憶の限りですが、最も大きな事例としては、１９９０年代の初めにウィンドウズ３・１にファクス機能が加わり、インターネットをベースとしたファクスのソフトウェア会社が潰れたのが最後だったと思います。最近ではフェイスブックがインスタグラムを巨額で買収しましたが、これは大企業、スタートアップ企業の双方ともに大きな利益を得たケースです。

実際にアップルやグーグル、マイクロソフト、フェイスブック、アマゾンは私たちと競合する製品やサービスを提供していますが、私たちはそれを競争だとは考えていません。彼らと共に、より良い何かを作ることに集中しています。

ビジネスや技術はゼロサムゲームではありません。非常に多くの人がビジネスを、自分が勝てば相手が負けるスポーツと同じようなものと考えていますが、ビジネスはスポーツよりも音楽の演奏に近いです。調和を成し、さらに素晴らしい音楽を生み出すことができます。グーグルは私たちのベストパートナーの一つです。ある部分では競争しますが、ある部分では協力します。グーグルはエバーノートの敵ですか？　今後、記録を保存できる驚くべきハードウェアがさらに誕生すると思います。グーグルグラスはとても良い例です。グーグルグラスで撮った画像をエバーノートに自動的に保存し、必要な時にグーグルグラスの画面にデータを呼び出せるようになるでしょう。グーグルはエバーノートにとって危機ではなくチャンスです。

生産的な人々にとって最も重要なブランド

——どんなに良い技術を開発しても競合他社にコピーされることを考えると虚《むな》しくなりませんか。どのように防御していますか。

リービン　誰かがエバーノートをコピーすることは怖くありません。コピーする段階で、すでにかなりの後れを取っているわけです。コピーされた時には私たちはすでに多くのことを成し遂げています。私たちを凌駕《りょうが》しようとするなら、コピーではなく私たちをはるかに上回らねばなりません。

今後エバーノートをどんなブランドに育てたいかという質問に、彼は「エバーノートをメモアプリ業界でアップル、ＢＭＷのようなブランドにしたい」と答えた。

リービン　GMはアメリカ、ヨーロッパ、中国の各国で車を製造していますが、それぞれ違います。しかしアップルやBMWの製品は世界のどこであってもほとんど同じです。サムスン電子も5年前は市場ごとにまったく違う製品を売っていたことでしょう。しかし現在、サムスンのフラッグシップモデル、スマートフォンの「ギャラクシー」シリーズはどうでしょうか。世界のどこであっても同じ形態で売られています。言い換えれば、ローエンドモデルでは地域ごとの好みが重要になってきますが、ハイエンドモデルならどこでも歓迎されるのです。もちろん製品が最高に素晴らしいということが前提になりますが。

エバーノートを、考えたことを最も効果的に整理し生産的に動きたい人に、世界で一番重要と思ってもらえるブランドにしたいです。優秀な人々のライフスタイルの中で、最も重要かつよく知られたブランドになるということが、今後100年間のエバーノートのビジョンです。

ただ一つの収益モデルに集中する

エバーノートが実際にどのぐらい稼ぎ出しているかはベールに包まれている。まだ株式公開をしておらず実績を発表していないためだ。しかし企業価値が10億ドルを超すと評価されているのは、投資家により一定の収益性が検証されている証《あか》しだと言える。この会社は実際にどのように利益を出しているのだろうか。

リービン社長は「エバーノートの収益モデルは、良い製品を提供し顧客に金を払ってもらうようにするだけであり、このモデルは今後100年間、決して変わらないだろう」と言う。彼は「それがすべてです。消費者のあずかり知らぬ、別の優れた収益モデルなどありません。私たちは顧客データを活用して利益を出すことは考えていません」と付け加えた。

――広告を付けることは考えていませんか。

リービン ユーザーがエバーノートという製品そのものを経験する以外のすべての要素を排除しています。私たちはソーシャルメディアではありません。私たちは、ユーザーを友達とつなぎ、さらにエンターテインメント要素とつないで利益を得ることはしません。私たちは数か月前にエバーノート・ビジネスという企業用アプリを発売し、顧客企業は私たちのアプリを社内に普及させるために費用を支払い始めました。エバーノートの立場から見ると、収益の窓口が増えたということを意味します。

どんなに高額であっても会社は売らない

——グーグルやフェイスブックのような会社から巨額の買収提案があったらどうしますか。

リービン　私たちは初めから自分たちのための会社を作ろうと考えていました。本当に自分が使いたい物を、世界を変える物を作るのだとね。そう考えて会社を作ったのに、売って離れるのでは道理に合いません。大企業には売りません。大企業が巨額での買収を提示してくることはありました。そういう時は「ありがとうございます。光栄です。ですが、その金額を私たちの会社に投資してはいかがでしょうか」と伝えます。

——今年、最も印象に残った本や映画は。

リービン　自分の人生に最も大きな影響を与えた本があります。『The Clock of the Long Now（1万年時計）』です。1万年動く時計を作ろうという人々の話ですが、この本には、なぜエバーノートが今後100年続くスタートアップ企業になろうとしたのか、その理由が説明されています。素早い者が勝つと考えられていますが、長期的な視点から本当にすべきことは何か、本質を見抜くことの重要性を教えてくれる本です。

カリム・ラシッド

世界的なプロダクトデザイナー

Karim Rashid

様々な分野を飛び越え活発に活動する世界的なデザイナー。カナダ・オタワにあるカールトン大学で産業デザインを専攻、イタリア・ナポリでデザインを勉強した。1993年ニューヨークにデザイン会社を設立し、フィラデルフィア芸術大学、プラット・インスティテュート、ロードアイランド・スクール・オブ・デザイン、オンタリオ芸術大学などで10年にわたりデザインを教える。カナダ・デザイン栄誉賞、ダイムラー・クライスラー賞、ジョージ・ネルソン賞などを受賞。彼の代表作「ガルボ」のごみ箱は世界で400万個以上売れている。日本でもイッセイミヤケのバッグやイデーの家具のデザインを手掛け注目を浴びた。

私たちは何か素敵なことをするためにこの惑星に来た

世界的なプロダクトデザイナー、カリム・ラシッドは自分のデザインと同じくらい目立つ格好でカンファレンス会場に姿を現した。優に2メートルはありそうなすらりとした長身に、上下ライトイエローのスーツ、ジャケットの下には蛍光色のような明るい黄色いシャツを着ている。そこに「ポジティブでエネルギーに満ちあふれた色」と本人が絶賛するピンクのドット柄が入った白いキャンバスシューズと白いフレームのサングラスを身に着けた姿は、アニメの世界から飛び出してきた変わり者のキャラクターのように見えるほどだった。

自動車、建築、生活用品など全方向的なデザイナーとして活動中の彼によるデザインの定義は次の通り。

ラシッド　私たちがこの世に生まれた理由自体が生物的再生産と知的再生産のためです。知的再生産は進歩と言えます。創意性を持って進歩を成し遂げる過程がデザインです。

彼はどんな質問が来ても、速射砲のように素早く休む間もなく言葉を続けた。２００３年に彼をインタビューしたイギリスの日刊紙『ガーディアン』が「業界で最もおしゃべりな人」と表現した理由が分かるような気がした。

創造力の源泉はエイリアンの視点から見ること

「アイデアの源泉は何か」という質問に、彼は次のように答えた。

ラシッド　ちょっと変に聞こえるかもしれませんが、私はこの惑星（地球）に生きていますが、自分を地球人ではないと考えています。エイリアンの視点から眺めると、人や事物を見る視覚はより創意的になります。自由な心で世の中を見回すと、感覚はさらに研ぎ澄まされるからです。自由な視線を持ち、自分たちの生活をより良くするために何をすべきかを考えます。

彼のホームページにアクセスすると、「カリムマニフェスト（カリム・ラシッド宣言文）」が訪問客を迎える。その中の一節を紹介してみよう。「私は人々が郷愁、時代遅れの伝統、古くさくて意味のない儀式から解放されることを望む」

これは「デザイナーは今現在を反映する人でなければならない」という彼のカンファレンスでの基調講演と通じる部分だ。彼は講演で次のように話していた。

ラシッド　デザイナーを始めとする芸術家は常に現在を見ていますし、見なければなりません。しかし多くの人は過去に留《とど》まっているため、芸術家が先んじているように見え、それで芸術家は未来を志向していると勘違いするのです。

——ではあなたは伝統についてどうお考えでしょうか？「もちろん時間の経ったものや伝統にも価値がある」とおっしゃっていますが。

ラシッド　私たちはそれらを尊重し、毀損《きそん》されないよう保存しなければなりません。しかし同時に私たちはこう問うべきです。「伝統は私たちの日常生活にどれほどの影響を与えているのだろうか」と。すると伝統や慣習が私たちの生活でそれほど重要な役割を果たしていないということが分かるでしょう。それは現れては消えるものです。あたかも博物館の遺物のように、です。

彼の話によると、今日のデザイナーが反映しなければならない「現在」は、次のような時代である。すなわち、技術発展のおかげで誰もがインターネットなどを通して創意性を自由に表現できる「創意性の民主化」が達成されていて、人類が10万年間生きてきたアナログの時代を通り過ぎ、デジタルの世界に突入したばかりの時代だ。

ラシッド　アナログの時代と現在は大きく異なります。アナログの時代、ラグジュアリーという言葉は貴重な材質を意味していました。そのため私たちは、貴いと考えられていた大理石や鉱物を掘り出すのに忙しかったのです。しかしデジタルの時代では、もはや地球資源を略奪する必要がなくなりました。すべての物が軽くなりリサイクルが可能です。そういう意味でデジタル時代は一時的だとも言えます。私たちは、自分たちだけの物を所有しなくてもよくなりました。建築物もやはりデジタル化できます。過去には教会を一つ建てるのにも300年かかり、自分の作品の完成を見届けずに死ぬ建築家も多かったわけですが、今は建築物も一時的に造られ消えていくというパラダイムシフトが起きています。私はデザインをする時、常にこのようなことを考えています。

デザインの大衆化のために

ラシッドのデザイン哲学の一つは「デザインの民主化」だ。つまり一般人も芸術の価値が理解できるように、水準の高いデザインが一般化しなければならないということだ。なぜそのような信念を持つに至ったのか、理由を尋ねると彼はすぐにこう答えた。

ラシッド　今はデザインがラグジュアリーと同義になりました。製品にデザイナーの名前がつけば値段ははるかに高くなります。

しかし私は、デザイナーの存在理由はそこにはないと考えています。デザイナーの名前がつく製品はむしろ価格が低くなるべきだと思います。優れたデザイナーというのは安い価格で何かを生産することのできる人々ですから。

私たちは21世紀に生きています。ロボットに頼る作業工程やコンピュータ技術のおかげで、質の良い製品を非常に安い価格で生産できるようになりました。商品が高くなる理由がないわけです。職人が作る手工芸品のようにとても手がかかる物や、非常に高価で珍しい材料を使う物といった例外を除いては。

しかし高級品を取り扱う世界では、材料や作業工程によってではなくマーケティングやブランディングによって製品の価格が上がります。例えば革で作ったバッグと布で作ったバッグなら、革製のバッグのほうが高いということは当然理解できます。しかし二つとも同じ革で作られているのに、片方だけが非常に高いというのは、弁解の余地はなくマーケティングが生み出した神話であり、消費行動に対する間違った信仰 consumption fallacy です。

少ないほど多いもの

カリム・ラシッドは本人のデザインの特徴を「官能的ミニマリズム sensual minimalism」と表現した。単純で簡潔であると同時に柔らかく華やかであるという意味だ。派手な格好からは想像がつかないと思うが、ラシッドはインタビューの途中で自らを指し「少ないほど多い less is more という言葉の熱烈な信奉者だ」と述べた。彼は「より少ない less という概念は極めて人間的で、もしある物が本当に単純で簡潔ならば、それはより人間的なデザインに近い」と言う。

——なぜ簡潔なものが、より人間的なのでしょうか。

ラシッド 私は、人というのは単純になればなるほど感覚的になるもので、それは人間本来の姿により近いと考えています。例えば私がとても細い4本の脚にとても薄い背もたれの、余計な部分がなく体に密着する椅子を一つ作ったとしましょう。私はそのような感覚的な椅子を非常に人間的だと思います。その椅子が私たちの肉体だけでなく精神や感性を解放してくれるからです。

韓国の製品から韓国のDNAが探せない

——韓国企業ともたくさん仕事をされていますが、韓国企業の製品のデザインをどのように評価されますか。

ラシッド 率直に言いますと、模倣主義 me-tooism が蔓延《まんえん》しすぎていて、どれも似たような製品ばかりに見えます。私は聞きたかったですね。「韓国のDNAは一体どこにいるのか」と。私には韓国人のDNAが見える製品を探し出せませんでした。ゼロです。あらゆる製品が極度に一般的だったのです。

ラシッドは「アメリカがグローバル金融危機を克服できたのはグーグルやヤフーなど（創意的な企業）があったためだ」と言う。最近は「創造経済」を強調している韓国だが、どうすれば韓国版グーグルやヤフーを作ることができるだろうか。

ラシッド　あなただけのニッチ言語 niche language を持てるように、思考そのものを完全に変えなければなりません。そのためにはビジョンと哲学が必要です。しかし現在の模倣主義一辺倒の雰囲気が続くならば、創造的な組織を作れるかは疑問ですね。

ラシッドによれば、模倣主義一辺倒の風潮は極めて消耗的だ。企業Aが模倣製品を作ると企業Bも真似る。そのような状況が続くと、結局はすべての企業がずっと同じ位置をぐるぐる回りながら競争することになるためだ。

彼は「企業はそのような無駄な所で力を消耗するより、自分たちは何を創造できるかという点に神経を傾けねばならない」と言う。

ラシッド　例えば私がナイフとフォークを作る会社とデザインについて議論するとしましょう。彼らは自分たちと競合他社が作るナイフとフォークについて、いつまでも話そうとします。しかし少しの時間だけでもいいので、ナイフとフォークの話をやめ、食べる行為あるいは食文化について考えてみてはどうでしょうか。

今日、食べる行為も過去とは完全に変わりました。多くの人が家では食事をしません。企業はそのような時代の変化を反映させ、新しいトレンドと共に走っていかなければなりません。先ほど私は企業同士で模倣を繰り返していると言いましたが、いつになったらこのような行為をやめるのでしょうか。それは真のビジョンを探そうとする時です。

新たな領域での新たな挑戦

ラシッドは作品や格好だけではなくインタビューでの発言も奔放だった。「挫折《ざせつ》したことがあるか」と尋ねると、「私はアイデアもやりたいこともあふれ出てくるのに、それを受け止める機会が足りなくていつも挫折している」という答えが返ってきた。

――自動車や建築から様々な生活用品に至るまで、領域を選ばずに活動するのはなぜですか。

ラシッド　なぜでしょうか。私は創造的な人間が持つ本性の一つではないかと思います。様々な知識分野を経験しようとするのは本性です。新たな領域にはまた新たな挑戦が待っているからです。

――自らを天才だと考えたことはありますか。

ラシッド　いいえ、まったく。実は天才という言葉自体、好きではありません。私は、この惑星に住むすべての人がそれぞれ才能を持って生まれ、何か素敵なことをするためにこの世界に来たのだと考えています。それが大きいことか小さいことかは関係なく、ね。

『サイレント・ニーズ　ありふれた日常に潜む巨大なビジネスチャンスを探る』共著者

ヤン・チップチェイス

Jan Chipchase

グローバルな革新的コンサルティング会社フロッグデザインFrog Designのエグゼクティブクリエイティブディレクターとしてリサーチ及びマーケティング業務を担当していた。世界中を回りながら、日常の出来事や生活を綿密に分析し、それらを製品やサービス、デザインにそのまま反映させている。彼の研究は『ニューヨーク・タイムズ』、BBC、『エコノミスト』などで紹介されたことがある。2011年『ファスト・カンパニー』は彼を「最もクリエイティブな100人（ビジネス分野）」の一人に選び、『フォーチュン』は「世界で最も優秀な50人（技術分野）」に選んでいる。著書として『サイレント・ニーズ　ありふれた日常に潜む巨大なビジネスチャンスを探る』などがある。

消費者の欲望を読み取るために、まず彼らになってみる

世界的なデザインコンサルティング企業、フロッグデザイン Frog Design のエグゼクティブクリエイティブディレクターであり（インタビュー当時）、『サイレント・ニーズ　ありふれた日常に潜む巨大なビジネスチャンスを探る』（英治出版、２０１４年）の著者でもあるヤン・チップチェイスは、グレーのザ・ノース・フェイスのアウトドアウェアを着て自転車に乗ってインタビューの場に現れた。

彼は『サイレント・ニーズ』で、自転車の有用性についてこのように書いている。「外国に行くと適応する時間があまりないので、私たちはまず街にある自転車店へ行き自転車を何台か手に入れる。自転車で市内を回れば都市のリズムにすぐ慣れる」

彼が指定した約束の場所もオフィスではなく、サンフランシスコのコーヒーの名所、ブルーボトル Blue Bottle だった。早朝からカフェは客でごった返しており、大都市特有の活気

が感じられる。店内には空席がなく、店の前に置かれた移動式のプラスチック椅子に座った。「外国の文化を感じたいなら、その国の朝を体験せよ」という彼の主張を実践するかのように、今回のインタビューは早朝のサンフランシスコ中心部で、忙しく出勤する人々や食材を積み出すトラックをバックに進められた。

顧客のグローバル企業が新しい市場に進出したり新事業を構想したりする時に、顧客のために現地で市場調査を行い、調査結果をもとに適切なマーケティング戦略を立てて提案するのが彼の仕事だ。彼はこの業務を彼独特のやり方で進める。オフィスで静かに座って資料を分析する代わりに、現地へ行って現地の人と共に過ごし、公共交通機関を利用し、理髪店で髪を切るなど、現地の人の生活を実際に体験する。現地の人が当然のように受け入れている平凡で些細《ささい》な日常生活を、彼だけの斬新《ざんしん》な視点から観察し、ビジネス・インスピレーションを得るのだ。

現地の文化を理解しようと思うなら現地の人たちと生活せよ

——あなたは、その国の文化を最もよく理解するための方法は観察、記録そして直接質問することだとおっしゃいました。しかし観察には先入観が作用することもあり、質問には嘘の答えが返ってくることもあります。このようなエラーを犯さないために、観察者はどのようにあるべきでしょうか。

チップチェイス まず現地の人を雇います。外国人は現地の文化を解釈する時にエラーを犯すことがあります。ですから現地の人の視点と洞察力を借りるのです。外国で調査を行う時、たいていの人はホテルに泊まり、現地の事情をよく知るガイドと一緒に人に会ってインタビューをします。

ですが外国人の調査者が訪問するとなれば、恐らく訪問先の95％の人は家をきれいに片付けるでしょう。そうすると、彼らが実際に生きている環境を見るのではなく、彼らが「私たちはこのように生きている」と示したい姿を見ることになってしまいます。

しかし私たちは、現地で部屋を借りチーム全員で滞在します。現地の人と同じ食卓に座り、同じ物を食べ、同じ水を飲み、同じトイレを使う……。そうやって得た情報は、当然ながら信頼できるレベルが異なります。

——最近ビッグデータの重要性が強調される傾向にありますが、それと比べると観察は非常にアナログ的という感じがします。観察という古典的なやり方を強調するのはなぜでしょうか。

チップチェイス　私たちは量的調査と質的調査の両方を行います。単純に人にインタビューをして、彼らのボディーランゲージを読み、その中に隠れている流れを探るだけではありません。著書ではそのことをすべて扱うことはできませんでした。ある文化を理解するのに必要なのは観察だけだと主張するつもりはありません。観察は単に手段の一つです。ただしとても重要な手段の一つです。

——ディテールを重視すると全体像を見逃すとよく言われます。どうしたらディテールと全体像を同時に見ることができるでしょうか。

チップチェイス　まず一歩後ろに下がって、今自分が知ろうとしているものは何かを考えることです。

ある顧客企業では情報収集が優先順位の上にきます。市場でどんなことが起こっているのか、正確な情報に基づいて事業上の決定を下すためです。インスピレーションを得ることに重点を置く顧客企業もあります。そういう時は、自分の観察がインスピレーションを得るのに必要な、地球上で唯一のデータになることもあります。当然ながら情報中心の調査とは観察方法が変わるでしょう。

最初のケースでは、資料を集めて分析し適切な説明ができるようにするために時間の投資が必要になるでしょう。二番目のケースでは、私たちが調査して得たことにどのような価値があり、それは正しい価値判断なのか、どのような意味を付与できるのかについて考えてみなければなりません。私たちはこれを「意味づけ」と呼んでいます。先ほど現地の人と生活するという話をしましたよね。数週間にわたって一緒に生活し収集した情報や事例をどのように解釈するべきか学ぶのです。

消費者の内面の奥深くにある欲望を読み取れ

チップチェイスは韓国を訪れたこともある。彼は個人のホームページにソウルで撮った写真を載せている。街なかのスーパーマーケットが飲料を入れた冷蔵庫を店の外に出している写真だ。これを印象的だと感じたのは、冷蔵庫を店の外に出すのは外国ではあまり見られない光景だからだと言う。

チップチェイス　通りで見ることのできる些細な日常の出来事が、その都市に関する様々な情報を与えてくれます。大都市に行く時は、写真を1000枚以上撮ってきます。その冷蔵庫も小さな観察の一部です。

――『サイレント・ニーズ』の韓国語版（タイトル『観察の力』）の序文に「韓国企業は時に、市場で軽薄な薄っぺらい手口を使うという批判を受ける」と書かれましたが、具体的な例を挙げるとすると？

チップチェイス　実はこれ、韓国に限定されることではなく他国の企業も同じです。ここ6、7年の間に発売された携帯電話を見ると、機能的な側面に非常に重点を置いています。しかしその「機能」が、商品の本質にどのような影響を与えるのか考えてみてください。毎回彼らが紹介する新しい機能を消費者が果たしてどれほど使っているのか、も含めてです。結局、表面的に過ぎないということが分かるでしょう。

会社が機能に重点を置きすぎるのは「道徳的な堕落」と言っても間違いではありません。消費者が本当に望む製品を売っているのではないからです。格好良く美しい物を買うと消費者は一瞬だけ甘い興奮を感じるかもしれませんが、すぐに押し入れに突っ込んで二度と使わなくなるのです。

彼は「数年前にルワンダで体験したことが、これと関係しているようだ」と言い、ルワンダの農村で女性にインタビューした時のエピソードを聞かせてくれた。彼がその女性に「電気がきてから、あなたの生活で何が最も大きく変わったか」と尋ねたところ、まったく意外な答えが返ってきたそうだ。

チップチェイス 「外出する時間が増えた」でした。唖然《あぜん》としましたね。彼女は私たちを家の中に招き入れ、フィリップスのアイロンを見せてくれました。「電気がきた後はアイロンができるようになり、出かけるたびに丁寧に服にアイロンをかけています。きちっとアイロンがけしたシワ一つない服を見せびらかしたくて。出かけるとみんなが『あ、あの家にはアイロンがあるんだ』と羨《うらや》ましがります」と。冗談のような話ですが、それが自分の社会的地位を表現する方法なのです。iPhone や格好良いスニーカーを買うといった消費と同じです。これは先ほど話したことと大きな差はありません。ハイテク企業は消費者が時間や労力を節約できるよう製品を作ります。しかしルワンダの女性は、電気のせいで外出する時間を増やさなければならなくなりました。ただ見せびらかすためにです。私が言いたいのは、企業が商品を作る時に例えば「他の人と違った服を着ること」に焦点を合わせるのではなく、もう少し純粋な動機や欲に焦点を合わせるべきだということです。表面的な満足を与えるのにとどまらず、人々の内面を理解し、より深い満足を提供しなければなりません。

――体験を通じて得た情報を革新的なアイデアに結びつけるためには、どのような努力が必要でしょうか。

チップチェイス　アジアのある化粧品ブランドが中国など他のアジア市場に進出するために新商品の開発を望んでいました。それで私たちのチームは3か月間、男性向けの美容室を回りました。何が男性消費者の心を動かし消費を促すかを理解するためです。

単純に観察するだけなら、コンビニのような所へ行き、どんな種類の商品があって消費者はどのような商品を好むかを調査するだけに終わっていたでしょう。しかし観察を通じてある視点を持つには、男性の心理まで理解しなければなりません。「なぜ男が美しくなろうとするのか」、「なぜ自分を飾るのか」という部分です。そのためにはデパートやスーパーに買い物に来る人と付き合ってみなければなりません。カーインテリア市場の調査をするならば、自分で色々な車を走らせてみるのも一つの方法ですね。

――「観察の力」を最もうまく利用している企業はどこでしょうか。

チップチェイス　ディズニーが挙げられますね。消費者が何を望んでいるかを理解し、表面的な部分にとどまらず消費者の心理をきちんと読み取っている企業です。

――反対に失敗している事例は。

チップチェイス　市場で成功する事例は果たしてどれぐらいあるでしょうか。１００のうち90～95は失敗していると思います。ですので、成功した事例について話すより失敗した事例を特定して話すほうが難しいですね。

――２０１１年に『ファスト・カンパニー』は、あなたを「ビジネス分野で最もクリエイティブな１００人」の一人に選びました。創造力を育てるためには何が必要でしょうか。

チップチェイス　最近、インドの都市の貧困層に清潔な水を供給するプロジェクトの調査をするためにインドを訪れました。インドは位階秩序が明確な国です。インドではあらゆる権限が最高経営者に委《ゆだ》ねられていて、彼らの決定がなくては何も進みません。韓国も組織内の上下関係が非常に厳しい国の一つですよね。人々に創意的なアイデアを自由に表現したり実現したりするチャンスが与えられていない状態では、創意的な人材の輩出は難しいと思います。

チップチェイスが話す「海外の文化を観察するノウハウ」

ホテルではなく現地の人が住む所に滞在する
現地の人と共に生活すれば、ホテルに泊まっていては決して得られない、現地の人の生き生きとした生活スタイルを体験できる。

都市と共に起きる
都市の飾らない「素顔」を見るためには明け方から早朝がベストタイム。

現地の人の通勤を体験する
現地の人と同じ通勤状況を体験することで、彼らの生活リズムを理解できる。

美容室や理髪店を訪れる
理髪店では、スポーツから政治まであらゆるテーマに関する現地の人の意見を収集できる。

マクドナルドの売り場を見学する

マクドナルドは各国の食習慣や文化的な背景に合わせ少しずつ異なる形で運営されている。

ケビン・ファイギ

映画製作会社　マーベル・スタジオズCEO

Kevin Feige

映画製作会社マーベル・スタジオズの社長。『アイアンマン』を始めとし『X-MEN』、『スパイダーマン』、『ファンタスティック・フォー』の製作に携わり、マーベル映画をヒットさせた立役者だ。2012年には彼が製作した『アベンジャーズ』が世界興行収入1位を記録。コミックをベースとした多彩で人間的なキャラクターと、興味を引くクロスオーバーの活用で、典型的なスーパーヒーローの形を変えた。自身の製作した映画とブランドに対する強い信念をもとにコンテンツを拡張中。

あらゆる創造には「人間」に対する熱烈な探求心が必要

2012年、世界興行収入ランキング1位となった映画は何だろうか。

正解は『アベンジャーズ』。ボックス・オフィス・モジョによると15億1859万ドルを稼ぎ出した。歴代の興行成績としても『アバター』、『タイタニック』に次ぐ3位となった。

この映画を作ったのがマーベル・スタジオズだ。一般の人には多少馴染《なじ》みが薄いかもしれないが、アイアンマンの他、スパイダーマン、X-MEN、アベンジャーズのようなキャラクターを所有している会社の映画部門だ。

もともとマーベルは映画の製作会社ではなく、5000のキャラクターを持つコミック出版社だった。ところが1990年代半ばに倒産の危機を迎えた。コミック市場低迷のためだ。

マーベルの復活の踏み台となったのは、映画製作会社とキャラクターのライセンス契約を結んだことだった。例えばスパイダーマンはソニー・ピクチャーズ エンタテインメント、

X-MENは20世紀フォックスで映画が製作され、大ヒットを飛ばしてマーベルは巨額の手数料を手にした。経営学界ではこれを「プラットフォームの多角化」と解釈している。コミックでは100%活用しきれなかったキャラクターという隠された資産の価値を映画化により最大化したためだ。

マーベルは2007年に新たな賭《か》けに出る。自ら映画製作に乗り出したのだ。

結果は予想をはるかに上回った。2008年の『アイアンマン』を皮切りに、最近までに製作した7本の興行収入を合わせると50億ドルを超える。ピクサーが最近公開した7本の映画の収入より多い。

2009年、ディズニーはマーベルを40億ドルで買収。マーベルの会長アイザック・パールマターはディズニーに会社を売った理由について、「数多くのマーベルのキャラクターは、ディズニーをきっかけに様々なコンテンツとして創造され広がっていくだろうと判断した」と明らかにした。

マーベル・スタジオズのケビン・ファイギ社長は、『アイアンマン』を始めとし『X-MEN』、『スパイダーマン』、『ファンタスティック・フォー』の製作に携わったマーベル映画の立役者だ。2013年10月30日、韓国で世界初公開された映画『マイティ・ソー／ダークワールド』の広報のために訪韓した彼とソウルのあるホテルで会った時、彼は笑いながらこう言った。

ファイギ　『マイティ・ソー／ダークワールド』で悪役のロキを演じているトム・ヒドルストンと私に会うために、韓国のファンが6000人も押し寄せました。本当に驚きました。私の人生で最大のファン・ミーティングです。何せ4年前は、これが何の映画かアメリカですら知っている人はいなかったのです。しかし4年が経ち、韓国でこのようにファンが押し寄せるようになるとは本当に信じられません。

マーベル映画の人気の秘密は何だろうか。答えはストーリーの力だ。彼は「私たちの作る物語は最低でも70〜80年、長ければ100年以上生き続けることを願っている」と言う。

彼が教えてくれたマーベル式のストーリーテリングの秘訣《ひけつ》は、「ストーリー STORY」という単語で要約できる――コンテンツを混ぜてつなぎ Scramble、映画に合うように変え Transform、俳優よりキャラクターを重要視し Override、欠点が多いキャラクターを作って現実感を生み出す Reality、そしてストーリーテラー自身の経験に忠実になれ Yourself ――この五つの原則だ。

Scramble　コンテンツを混ぜてつなぐ

マーベルのコミックは1万5000冊ほどで、これらに共通する一つの法則がある。それぞれ異なるコミックに、様々なスーパーヒーローが入り乱れて登場するという点だ。コミックの原作者スタン・リーが、マーベルのキャラクターが一つの宇宙に住み、九つの世界を行き来できるというストーリーラインを作ったのだ。

スーパーヒーローは普段は自分の住む世界で活躍する。しかし宇宙を脅かす敵と戦う時、彼らはアベンジャーズ、つまり正義の味方となって敵を倒し、そして自分の世界へ戻るという循環構造になっている。マーベルのストーリーの公式は、映画にも同じように移植された。映画『アベンジャーズ』では、アイアンマン、ソー、キャプテン・アメリカ、ハルクが集まって地球を守る。ファイギ社長はこのように言う。

ファイギ　マーベルの強みは、複数の世界の点をつないでいることです。私たちは映画と映画の間をつなぐ唯一の製作会社です。想像を超える連結性、想像を超える連続性こそが私たちの力です。

マーベル映画では、ある映画のキャラクターが違う映画に出演するクロスオーバーがたびたび見られる。例えば『アイアンマン』の劇中人物トニー・スタークの父親ハワード・スタークは『キャプテン・アメリカ　ザ・ファースト・アベンジャー』にも登場する。また地球の平和を守る秘密組織シールドの責任者ニック・フューリーは『アベンジャーズ』、『アイアンマン』、『マイティ・ソー』など5本の映画に登場する。今回封切られた『マイティ・ソー／ダークワールド』にはキャプテン・アメリカが登場している。一方でディズニーのキャラクター、人魚姫やアラジン、ミッキーマウスは完全に個別のストーリーとして作られていて、それぞれが交錯することはない。

映画評論家のカン・ユジョン氏は、「韓国男性アイドルグループのSUPER JUNIORや少女時代のメンバーがグループで活動したりソロで活動したりする例があるように、韓国人には馴染みやすい大衆的なやり方だが、映画の世界ですべてのスーパーヒーローが揃って登場するなどということは、以前にはまったく考えられなかった」と言う。

文化評論家のハ・ジェグン氏は「消費者はレスリングのキム・イル選手とアメリカのボクサー、アリが戦ったらどちらが勝つか？　と想像したりする。そのような、英雄に順位付けをしたいという欲望をマーベルの映画は描き出している」と述べた。

ファイギ社長は「映画同士の点をつなぐことで二つの効果を生み出している」と言う。

ファイギ　まず安定性です。観客が続編を期待して想像を膨らませてくれます。もう一つは、それと同時に観客に新しさを感じ続けてもらえること。アベンジャーズとしてスーパーヒーローが集まりまた離れていく中で、観客がまったく予想しなかった新たな状況が創られます。アベンジャーズは一種の「再起動」ボタンなのです。

ソウル大学経営学科キム・サンフン教授は、「企業は製品自体の機能にのみ焦点を合わせてストーリーテリングをするが、製品と製品をつなぐストーリーテリングの力をマーベルから学べる」と話す。

Transform　映画に合うように変化させる

ファイギ社長は「マーベルのコミックを、全世界の人が愛する文法を持った映画へ解釈し直すことが自分の仕事」と述べた。彼は「複雑なコミックのテキストを、単純さへと置き換えることが最も重要な原則だ。過剰だと思う情報は大胆に捨て、必要なストーリーだけを選んで再調合する」と言う。

ファイギ　マーベルのコミックは情報量が非常に多いため、本当に悩みます。ソーのコミックだけで600冊あります。ですから私は、キャラクターのことを何も知らない人に、キャラクターをどのように紹介するかに集中します。600冊のコミックの中からキャラクターを最もよく紹介している部分を探し、そこだけを使います。映画『マイティ・ソー』では、神話的な世界アスガルドに生きるソーが、王である父から地球に追放されますが、その部分をソーの紹介シーンとして使いました。

また、コミックを現在に合わせて変えなければならない。例えばアイアンマンのコミックには、主人公トニー・スタークの世話をする執事役としてジャーヴィスというキャラクターが出てくる。しかし映画では、ジャーヴィスを人ではなく人工知能を持つロボットに変えてスタークの世話をさせ、観客から大変な人気を得た。ファイギ社長は「過去を現実に合わせて変えると観客は非常にユーモアを感じる」と言う。

Override　俳優よりキャラクターが重要

マーベルの戦略のうち、特異と言える点の一つは俳優よりキャラクターを重要視することだ。ファイギ社長は「ヒットの公式はキャラクターにあり、俳優にあるのではない」と語った。

あまり知られていない俳優をキャスティングする理由もここにある。『アイアンマン』のロバート・ダウニー・Jr、『マイティ・ソー』のクリス・ヘムズワース、『キャプテン・アメリカ　ザ・ファースト・アベンジャー』のクリス・エヴァンスらは皆、キャスティング当時はあまり人気がなかった。彼が話を続ける。

ファイギ　もしブラッド・ピットをスーパーヒーローとしてキャスティングしたらどうなるでしょうか。「ピットが映画で金髪のウィッグ、真っ赤なマント姿でスーパーヒーローとして出演した」と言われるでしょう。しかし無名の俳優が同じ役を演じたなら「ああ、あれはマーベルのソーだ」と認識してもらえます。顔のあまり知られていない俳優は、観客の新たな想像力を刺激します。

またマーベルはシリーズ物を製作するが、常に今後の映画より現在の映画に集中する。ファイギ社長は「継続してシリーズ物を作るマーベル映画のストーリーテリングは、フランチャイズ経営と似ている」と言う。未来にオープンさせる店舗の計画を具体的に立てておくが、まずは今ある店舗に最も神経を使うというわけだ。彼は「スーパーヒーローの映画を製作するのには天文学的な金額がかかるので、1本目で成功できなければ2本目はない。製作者の多くは良いアイデアを次の映画のために取っておくが、自分は今製作している映画に最も良いコンテンツを入れる」と語った。

映画『アベンジャーズ』でスーパーヒーローと地球外からの軍隊が戦闘を繰り広げる場面がその例だ。一部の製作陣は「スーパーヒーローがたくさん出るだけで観客を圧倒できるから軍隊を出すのはやめよう」と反対したが、ファイギ社長が譲らず軍隊の登場が決まった。映画『マイティ・ソー』では、ソーの弟ロキがソーを裏切って王座を奪うエピソードを続編のために取っておくこともできたが、1作目に使ってしまった。

Reality　人間的なキャラクターとして描く

スーパーマンやバットマンはどんな困難にも挫《くじ》けない「完璧な英雄」だ。しかしマーベルのキャラクターは正反対で、平凡な上に欠点だらけである。

身長160センチで軍への入隊を志願するものの拒絶された男（キャプテン・アメリカ）、ガリ勉で奥手な男（スパイダーマン）、アルコール依存症でプレイボーイの億万長者（アイアンマン）……。

ファイギ社長は「人間は誰もが何らかの欠点を抱えており、それを克服することを願うが、マーベルはそのような人間の本能的な欲求をキャラクターに吹き込んだ」と言う。キャラクターを作るマーベルの核心的な公式は「嫌気が差すまでキャラクターに欠点を作れ」だ。

ファイギ　観客が熱狂するのはキャラクターの欠点です。その欠点を持つキャラクターが心の中で戦うことを望むのです。人生の暗い陰を作り、キャラクターが贖罪《しょくざい》し救われる過程を経て、その欠点を克服した時にようやくスーパーヒーローとなります。

前述のカン・ユジョン氏は「マーベルは既存のヒーロー映画の系譜を打ち破り、新たなブロックバスターの文法を用いた。既存のヒーロー映画を重いクラシック音楽とするなら、マーベルの映画は軽いポップミュージックのようなものだ」と言う。丁寧な事実の描写で全知全能のキャラクターを消し去り、観客が共感しやすい人間的なキャラクターを作ったというわけだ。ファイギ社長は「10年前は欠点の多いスーパーヒーローは映画の世界では扱われなかった」と話す。

成均館《ソンギュングアン》大学映像学科で教えるパク・ソグォン氏は「2008年、アメリカでサブプライム問題が起こり、世界金融危機が訪れるや、アメリカは世界を救うヒーローから世界を堕落させた張本人へと転落した。その後に『アイアンマン』のようなマーベルの映画がたくさん出てきた」と言い、「非典型的でありながら人間的なマーベルのキャラクターに、現代人が親しみを覚え深く共感している」と分析している。

Yourself　自分だけのアイデンティティを守れ

優れたストーリーテラーになるには、他の人とは違う自分だけのアイデンティティを守り、周りに何と言われようと自分の思うところに従って生きていく勇気が必要だ。

ファイギ社長は「他の企業がマーベルから学ぶことがあるとするなら、それは自身のブランドに強い信念を持ち、新たなリスクを負うことを決して恐れないこと、ブランドの定義を拡張することを恐れないことだ」と述べ、「過去の厳しい経験がマーベルのDNAに溶け込んでいる」と続けた。

ファイギ　マーベル・スタジオズは無名に近いロバート・ダウニー・Ｊｒをキャスティングし、無名だったジョン・ファヴロー監督を『アイアンマン』に起用したリスキーな決定を誇らしく思います。アイアンマンをよく知る人はおらず、皆にはＢ級キャラクターだと思われていたでしょう。その決定を可能にしたのは私たちの信念でした。

マーベルが『アイアンマン』を製作する時に、何人かの映画専門家がアイアンマンはスーパーマンやバットマンより認知度の低いＢ級キャラクターだと酷評した。しかしファイギ社長は「私たちは、すべてのキャラクターは偉大な創造物であるという私たちだけの信念を最後まで守った」と言った。

第三部

危機を乗り越えた生存戦略

「どうやって様々な危機を乗り越えればいいのですか？」

ビジネスの第一線を知る8人が、その秘訣を明かす。

経営者、経営学者たちが示す、時代との戦い方。

GE副会長

ジョン・ライス

John Rice

2010年からGEの副会長、香港にあるグローバル・グロース&オペレーションCEOを兼任。1995年GEプラスチックス アジア・パシフィックの社長、1997年GEトランスポーテーション・システムズの社長を歴任。2000年11月から2005年6月まではGEエナジーの社長、2005年から2007年までGEインダストリアル、インフラストラクチャーの副会長、2008年から2010年までテクノロジー・インフラストラクチャーの社長を務めた。アメリカのハミルトン・カレッジとエモリー大学の理事でもある。またサウジアラビアのキング・ファハド石油鉱物資源大学の国際諮問委員、アメリカの疾病予防管理センター基金の委員を務めている。

やると言ったことを実践し、なると言った人にならねばならない

2013年3月、香港の金融の中心地セントラル（中環）にあるワンエクスチェンジスクエア33階のオフィスに入るとすぐに、190センチ近い長身のジョン・ライスGE副会長が「ウェルカム」と言いながらつかつかと近づいてきて記者を迎えてくれた。

会社に入ってから案内デスクのすぐそばにある彼の部屋でインタビューを始めるまで、わずか1分もかからなかった。彼はソファに座るとすぐ「どんな質問でも受け付けます」と言った。写真で見ていた控えめな表情とは違い、彼の口調からは終始アメリカ人特有のストレートさが感じられた。会議室を選ばず自分のオフィスのソファに深く座り、記者とは1メートルも離れていない距離でインタビューを受ける彼の姿からは、格式を問わない実利を重視する性格が伝わってくる。

彼は時価総額世界第5位の巨大企業GEにおいて、ジェフリー・イメルト会長に次ぐナン

バーツーの人物だ。公式の肩書きは副会長兼グローバル・グロース&オペレーションCEO。アメリカを除く全世界の市場でイメルト会長を代弁する。

今年になって訪れた国はどこかと尋ねると、すぐに彼は「サウジアラビア、アラブ首長国連邦にそれぞれ三度、そしてパキスタン、オマーン、チュニジア」と答えた。彼はしばらく考えてから「アルジェリア、スイス、イギリス、ドイツ、チェコ、イタリア、シンガポール、フィリピン、アメリカ、中国も行っている。来週は韓国と日本を訪問する予定があり、5月にはインド、7月にはラテンアメリカに行くつもりだ」と続けた。

発明王エジソンがGEの前身エジソン電気照明会社を設立したのは1878年。130年を超える歴史を持つ。そんなGEの悩みは昨日も今日も同じだ。巨大な図体《ずうたい》をどう導いて成長するか、である。GEはその答えを外部に求めてきた。GEは2008年に初めてアメリカ以外での売上の割合が半分を超え、2012年にはその割合が52%に達している。これを2020年までに80%に引き上げる計画だ。ライス副会長はこの新たな旅を先導する船長というわけだ。

彼は「21世紀において生き残るためには20世紀を支配していた公式とは異なるものが求められる。新たな公式とは賢明な世界化戦略だ」と言う。彼はまるで講演でもするかのように説明を始めた。

ライス　ＧＥは１３０年以上、グローバルにフランチャイズ・ビジネスを発展させてきました。しかし最大の問題は、本部の机の上で１６０を超える市場に関する決定を下すことでした。

上海、北京、西安、重慶など都市ごとに環境が異なる中国を一つの市場と見てしまうような問題がここで発生します。私たちは世界をきちんと見ることのできる他のレンズが必要だということを切実に感じ、２０１０年にグローバル・グロース＆オペレーションを新設しました。私たちの規模と競争力を最大限レバレッジするためです。

そうは言っても全地域に小さなＧＥを作ることはできません。ＧＥからジェットエンジンを購入した国は自国にジェットエンジンのサービスセンターを設立してほしいと希望しますが、それは経済的な決定ではありません。ですから私たちは選択をしなければなりません。グローバル・グロース＆オペレーションは、グループがより効率的に資源を配分し投資を実行できるよう方向性を提示します。

簡単に言い換えれば賢明な世界化戦略というのは、世界化と現地化のバランス、そして選択と集中というわけだ。

各種ボーナスとストックオプションなどを含む彼の2012年の年俸は約280億ウォンに達する。計算すると1時間当たり320万ウォンを稼いだことになる。第4回アジアン・リーダーシップ・カンファレンスに講演者として招待されている彼と講演前に会い、320万ウォン分の1時間を横取りして直々に話を聞いた。彼はインタビューで「旅 journey」「バランス、均衡 balance」という単語を楽しそうに使っていた。

――年間で40か国余りを回ると聞きました。なぜそんなにたくさんの国へ行くのでしょうか。

ライス　各地域で顧客や市場と直接関わるマネージャーは私たちにとって非常に大切な人的資産です。私はたいてい一人で出張し、彼らと共に顧客に会って現場の情報を得ます。その地域の社員と同じ車に乗って回ると、フィルターを通さない生の情報を得ることができます。その会社のどこがうまく回っていて、今後は何をよりうまく回していけるのかが分かるようになります。

――GEは2020年までにアメリカ以外での売上を全体の80%まで引き上げる計画と聞いていますが、どのような戦略なのでしょうか。

ライス　昨年、私たちが100万ドル以上の受注をした国は全部で164です。このうち20か国では10億ドル以上の売上がありました。

最も重要なのは、グローバル技術と地域の需要との間でバランスを取ることです。例えば中東の砂漠で使うエンジンは熱や風、砂に耐えられなければならず、高原地帯のエンジンとは違うものになるはずです。私たちは画一化した技術では生き残れない時代に生きています。私たちは世界トップクラスの技術を開発すると同時に、それをローカル市場のニーズに合うよう現地化するという二重の課題を抱えています。

グローバルマーケットの展望

——今後10年でGEが経験するであろう世界はこれまでの10年とどのように違うでしょうか。

ライス　地域ごとに影響を与え合うようになります。今後3~5年間、ヨーロッパの一部の国では逆風が続き、これに伴って世界経済も荒れた海のように揺れるでしょう。

重要な変化の一つは政府の役割が大きくなるということです。どの地域の国も政府は自らの運命を決める際の力を強めています。私たちのような企業にとってそれは、関税や非関税障壁などの規制行動主義を意味します。韓国にも新しい大統領が誕生しました。彼女は企業のビジネス慣行や透明性に関し、はっきりした意見を持っているようです。他の国々も似たような状況でしょう。

私がもう一つ注視しているのは、デジタルの世界でスピードが加速しているという点です。「アラブの春」や「ウォール街を占拠せよ」といった出来事を思い起こしてみてください。最近の人はデモをするために市庁前の広場まで行く必要がなくなりました。70億の人間が、自分の部屋で、指一本で、意見を表明し集団で行動できる時代です。これは政府だけでなく、私たちのような企業の形態にも大きな影響を及ぼします。万一、政府や企業が透明性を維持できなかったり倫理的に振る舞えなかったりということがあれば、大銀行であろうとGEであろうとチュニジア政府であろうと責任を回避することはできません。過去にはなかったことです。

――今後、どの地域あるいはどの事業が最も有望だと見ていますか。

ライス　企業秘密です。私が話した瞬間、そこに含まれない地域や事業の担当者がおかしくなってしまいます（笑）。この10年は、社会的生産基盤分野に資本を集中的に投じてきました。世界では今も、電気、水、病院など基本的な生活条件が十分に整っていない環境で暮らす人が20億に達します。アメリカや韓国にもそのような人々がいます。需要は無尽蔵です。私たちは彼らにソリューションを提供します。

もちろんこれは慈善ではなく、最終的には株主に利益を還元させるための過程です。しかしこれがある国家における格差の解消と民主主義の定着にまでつながっています。最近になって進出したミャンマー市場が良い例です。ミャンマーがGEの売上の一定割合まで占めるようになるためには多くの時間が必要です。しかしミャンマー政府は、民主主義と共に生活の質が改善していることを国民に示すために、インフラ整備に邁進《まいしん》しています。

――2020年までにグローバル部門の売上を80％まで増やすということは、逆にアメリカの割合が20％に減るということですが、アメリカの時代が終わるということでしょうか。

ライス　アメリカは少なくとも私が生きている間は、変わることなく世界で最も重要な市場として残っているでしょう。問題は他の国々の成長がアメリカや西ヨーロッパより早いということにあります。現在、金融を除く産業部門の売上は1000億ドルほどですが、このうち約40%を開発途上国、残りをアメリカ、ヨーロッパ、日本が占めています。新興市場は二桁《けた》の数字で成長していますが、西ヨーロッパの一部地域はまったく成長していません。

しかし「コレが駄目ならアレ」ということとは違います。新興市場だけが重要で先進国は意味がないというわけではありません。ヨーロッパは苦境に立たされていて成長も投資の機会もないと言われていますが、それは南ヨーロッパの一部の国家に限られた話です。1億4000万の人口を抱える東ヨーロッパでは、相変わらずインフラ整備が活発です。ヨーロッパという一つの名前で、すべての地域を同一視することはできません。同じようにアジアも一つの市場ではなく、アジアという名前ですべてを定義するのは不可能です。

――しかしアメリカの製造業は力を失い、雇用はあまり増えていません。

ライス　雇用問題について一つ明らかにしておきたいことがあります。雇用と聞くと人々はゼロサムゲームを思い浮かべがちで、私が中国に一つ雇用を作ればアメリカや西ヨーロッパの雇用が一つ減ると考えるようですが、この見方は誤っています。雇用はシナジーです。ボーイングやエアバスが中国に飛行機を輸出すると、私たちは二つの会社に飛行機のエンジンを売ることになり、アメリカで数千の雇用を維持できます。

言い換えれば、私たちがグローバル市場を利用するからこそ雇用が生まれるのです。雇用も「ここが駄目ならあそこ」というものではありません。

GEは学び続けることのできる会社

――35年間GEで仕事をしてきて最も記憶に残っている経験は何でしょうか。

ライス　その質問を「なぜ私が35年間ずっとGEに残っていたか」と変えてもいいでしょうか。その質問に対しては三つ答えがあります。

まず、世の中で最も立派な人々と共に仕事ができるという点です。私たちは1日のうち非常に長い時間を職場で過ごしますが、一緒に仕事をする同僚が立派な人であればなお良いですよね。

二つ目、GEは常に学ぶという文化を持つ会社です。今年の私は昨年の自分より良いリーダーになっていなければなりません。また来年は今年よりさらに成長していなければならない。これは、失敗から学び、新しい国や文化、市場、製品から常に学ぼうとする文化があってこそ可能です。

三つ目、ここでは重要な仕事ができます。世の中にお金を稼ぐ手段は色々ありますが、可能ならば重要なことに力を注ぎたいと思っています。些細《ささい》なことに神経を傾けるには人生はあまりに短いです。私の記憶に残っている経験はすべてこのようなことと関わっています。

ＧＥのグローバル部門の本部はもともとロンドンにあった。２００１年にＧＥは航空機部品業者ハネウェルを買収しようとしたが、ＥＵの承認を得られず失敗に終わった痛恨の経験をしている。以後、本部をブリュッセルに移し、２０１０年にグローバル部門をグローバル・グロース＆オペレーション Global Growth & Operations に統合・拡大して香港に移る。

――なぜグローバル本部を香港に置いたのでしょうか。

ライス　私たちがアメリカに留《とど》まっていたら、世界の顧客は私たちのグローバルビジネスの意志を真剣に受け止めないだろうと考えました。香港を選んだのは実用的な理由も象徴的な理由もあります。実用的な意味としては、香港は出入りがしやすく、資本の取引と貿易が開放されているという点です。

象徴的な理由としては、現在全世界で最も重要な地域の一つ、アジアの真ん中にあるという点です。香港は中国に属していながらも分離した一国二制度を選んでいます。しかし私たちがここにいるからと言って中国だけを重視しているわけでは決してありません。

――新しい社員を採用する時に何を重視しますか。

ライス 先ほど話したGEの企業文化に合うかどうかが最も重要です。もう一つ重要なのは、何か一つでも抜きん出ている部分があるかどうかです。1980年代から1990年代にかけては、様々なことを適切に知るジェネラリスト型の管理者が通用しました。

しかし今のような時代に仕事を得ようとするなら、初めから何か一つでも他の人よりうまくやれるものがなければなりません。金融かもしれないしエンジニアリングかもしれません。とにかく何か一つ強みを持ってスタートし、それ以外の一般的なスキルは昇進しながら学べばいいでしょう。

リーダーは混乱の中にあっても秩序を作り出す

ジョン・ライス副会長は35年にわたって（インタビュー当時）、3人の会長の下で働いた。

レグ・ジョーンズが3年、ジャック・ウェルチが20年、ジェフリー・イメルトが残りの12年だ。3人のうち誰が最も印象に残っているかとの質問に、彼は即答を避け、代わりに3人の長所について話し始めた。

ライス　レグ時代、私は新参でしたから、彼は私の名前すら知らなかったでしょう。ジャックとジェフリーからは、今とは異なる道、より良い道を探し出すパワーを学びました。それから、それまでとは異なる方法で点と点をつなぐ能力や、トレンドやチャンスを捉《とら》えること、変えられる部分と変えられない部分を区別する能力も学びました。

リーダーシップは科学であり芸術です。その要諦《ようてい》は、昨日のアイデアのうち、大して良くもない、変えなければならないものと、完璧《かんぺき》で変える必要がないものをきちんと区別すること。そうすることが難しいのは、世界は動く標的で溢《あふ》れ、人の変化より状況の変化のほうが早いためです。またリーダーは単純明快に話さなければなりません。リーダーとは混乱の中で秩序を作り出す人のことです。このような徳目をジャックとジェフリーから学びました。

――あなたの考えるリーダーシップの定義は、どのようなものですか。

ライス 簡単です。やると言ったことを実践に移し、なると言った人になることです。これはあなたが投資家や顧客、社員と交わした約束です。ひたすら昇進だけを気にして、日常的に嘘をつく上司のことを、誰が信用してついていくでしょうか。

――最も尊敬するリーダーは誰でしょうか。

ライス 企業家ではありませんが、シンガポールのリー・クアンユー（李光耀）元総理を挙げたいですね。30年前に彼が下した決断により、小さな島国は世界経済の強国になりました。彼は教育と経済に関して勇気と確信を持ち大変に重要な決定を下しました。すべての人が英語を使うようにし、シンガポールをグローバルな場所に変えたことも含めてです。

ジョン・ライスのアドバイス

外国へ出張に行く時、誰に会うかは現地チームに決めさせよ
自分が誰と会うのが会社にとって役に立つのかは彼らが最もよく知っている。

出張の荷物は15分でまとめよ

いつどこへ行くとも知れぬ。そのためにスーツケースとアタッシェケースはどこに何を入れるか決めておくとよい。早く荷物をまとめるためには、カバンをしばしば変えてはならない。同じカバンならどこに何を入れるかも手慣れてくるし、覚えてもいられる（彼は15年間、同じアタッシェケースを使っていたが、古くなったので最近ようやく変えたそうだ）。

強い政府に備えよ

地域を問わず政府の役割は増しており、企業に対する要求も増えている。

組織は透明に管理し、倫理的に経営せよ

70億の人間が、自分の部屋で、指一本で意見を表明し集団で行動できる時代だ。

リーダーシップは選択である

昨日のアイデアのうち、変えなければならないものと守らなければならないものを区別すること。

リーダーは単純明快に話さなければならない

リーダーは、混乱の中で秩序を作り出す人だ。

GEに就職するにはジェネラリストよりスペシャリストになれ

今のような時代、スタート時点で何か一つ強みを持っていること。他の部分は昇進しながら少しずつ学ぶことができる。

ヨーロッパ最大のコンサルティング会社　ローランド・ベルガー前CEO

ブルクハート・シュベンカー

Burkhard Schwenker

ヨーロッパ最大のコンサルティング会社、ローランド・ベルガーRoland Berger Strategy Consultantsの前CEO。ドイツ、ミュンヘンに本社を置くローランド・ベルガーは世界五大コンサルティング企業の一社。世界36か国に51のオフィスを構え、約2700人のコンサルタントと240人のパートナーを有している。ドイツ、ビーレフェルト大学で経済学を専攻した彼は1989年にローランド・ベルガーに合流。2010年1月から毎年、ローランド・ベルガー財団を通じて社会・経済的弱者に奨学金を出している。

世代を見通す「職人」資本主義を学ぶべき

「10年前、世界はドイツ経済を衰退したと見ていました。21世紀の経済モデルはサービスと金融、知識インフラと考え、製造業は時代遅れだと」

ヨーロッパ最大の戦略コンサルティング会社、ローランド・ベルガーのブルクハート・シュベンカーCEO（インタビュー当時）は、2003年にCEOに就任した頃を振り返る。

シュベンカー　CEO就任後にヨーロッパ各地で活発に講演を行いドイツモデルの優秀性を強調しましたが、誰にも信じてもらえませんでした。まさに売れない商品を売ろうと努力しているという感じでした。金融危機が起きる直前の2007年、ロンドンでイギリスの役員を対象に、アメリカとヨーロッパの経済モデルを比較し製造業の強いヨーロッパ式のモデルが優位にあると話したところ、あざ笑うかのような反応が返ってきました。

シュベンカーCEOは、ちょっとタバコを吸っても構わないかと尋ねてきた。当時の感情がよみがえったのか、マルボロを深く吸い込んで話を続けた。

シュベンカー　3年後に再びロンドンで似たような人を対象に同じ内容の話をしたところ、今度は拍手が湧き起こりました。2008年に金融危機が起こったため、誰が正しかったのか明らかになったからです。安定した経済の心臓はつまるところ製造業です。一時アメリカモデルに追随したヨーロッパの国も、今はまた製造業を強調し、再産業化を推進しています。

彼と会ったのはドイツの首都ベルリンのブランデンブルク門近くにある会員制クラブだった。白髪交じりの頭に、すっきりしたグレーのスーツ。しかし広い肩とがっしりした体格はドイツのサッカー選手を連想させる。

シュベンカーCEOは1989年にローランド・ベルガーに入社し、ドイツ統一、東ドイツ再建、ユーロ圏危機からの脱出など、様々な分野のコンサルティングをしてきた。創業者ローランド・ベルガーに続き2003年から2010年まで第2代CEOを務めた後、監査役会会長に栄転。後任のCEOマーティン・ウィティックが2013年5月5日に健康問題で突然辞任し、彼は再びCEOとして選任された（2014年に退任）。

職人文化、危機に光を放つ

近年、韓国では「ドイツに習う」が人気だと伝えると、すぐに彼は「両国とも製造業を基盤とした輸出主導型モデルであり、自動車や電子、工業分野に強いグローバル企業を多数抱えている。似ている部分が多く、お互いに学ぶことも多い」と言った。

ドイツを学び始めたのは韓国だけの現象ではない。日本でも『日経ビジネス』にて、日本は安定した成長モデルとしてドイツの事例を見習わなければならないとの特集がなされた。イギリスの『エコノミスト』は2010年、「ヨーロッパの成長エンジン、ドイツ」と特集し、アメリカの『タイム』は同年、「ドイツは一国で欧州危機に立ち向かおうとしている」と報じた。シュベンカーCEOは「世界が一歩遅れでドイツ的な価値に気づき始めている。ヨーロッパやアメリカの複数の政府や企業から、ドイツモデルに関するアドバイスを求める問い合わせが相次いでいる」と言う。

シュベンカー　英米式資本主義は商人文化ですが、ドイツの資本主義の核心は職人文化です。

株主の影響が強い商人資本主義は短期的な収益や個人の富、ボーナスを強調しますが、職人資本主義は着実に収益を出す持続可能性を追求します。ドイツの中小企業の95％は家族所有で、彼らは実績というものを「四半期」ではなく「世代」を基準として考えるのです。家族経営をしている人間が、自分の代に食い散らかして引退し「あとは知らないよ」などと言うでしょうか。彼らの収益モデルは常に次世代、さらに次の世代のことを考えているのです。

彼は「韓国もすでに十分に競争力を持つ製造業に引き続き集中するほうが良い」とも言う。

シュベンカー　最近の世界経済の主なトレンドを調べると、今後は気候変化、レア素材の確保、人口の移動が最も大きな変数となるでしょう。この変数に対応する最適解はずばり生産性の向上です。突発的に変化が起きたとしても、生産性の向上により対応の幅を広げることができますが、これは当然ながら製造業への後押しがあってこそ可能です。より効率的な工場を作り、製造プロセス工学を強化しなければなりません。

四半期ではなく世代で考えよ

韓国の経済界は特にドイツ全企業の99%を占めるミッテルシュタント（従業員500人未満、年間の売上5000万ユーロ未満の企業）の競争力に注目している。ドイツ経済技術省によると、ミッテルシュタントが生み出す総生産はドイツ経済規模の52%を占め、売上高営業利益率は平均7・7%で大企業の平均5・8%よりむしろ高い。雇用全体に占める割合は61%だ。ミッテルシュタントは2010年1861億ユーロを輸出し、ドイツ全体の輸出の19%を担った。

韓国の場合、中小企業（300人以下）が全体の産業の雇用に占める割合は86・8%に達するが、総生産に占める割合は50%前後にとどまっている。売上高営業利益率は3・1%に過ぎない。

金融危機が押し寄せた2008〜2011年、ドイツの大企業が雇用を2・4%減らす一方で、全体の労働人口の61%を雇用しているミッテルシュタントは反対に1・6%増やした。従業員300〜5000人規模の中堅企業はドイツが10万社、韓国は1600社だ。

シュベンカーCEOはしかし「ミッテルシュタントに競争力があるのは事実だが、それだけで持続可能な国家経済の維持は難しい」と言う。ドイツ経済を支える力の源泉は、大企業と中小企業どちらか一方にあるのではなく両者の協力と調和にあるというわけだ。

彼は「ドイツの大企業と中小企業は研究開発分野で協力をし、最高のシナジーを生み出している」と続ける。

シュベンカー　非常に時間とコストのかかる研究は大企業が引き受け、開発は中小企業が、という感じですね。大企業の研究段階から出てきた良いアイデアを、競争力を持つソリューションに変えて市場に送り出すのはミッテルシュタントの役割です。

――大企業と中小企業の共生の秘密は何でしょうか。

シュベンカー　ドイツ文化は、同じ業界の人を同業者と考える「ギルド（中世ヨーロッパの同業組合）」精神が土台にあります。大企業に協力する中小企業は、自動車の一部分を作るだけの単なる納品業者ではなく、自動車製造という大きな工程の一部分を共に担っていく相手という認識が強いのです。また政府の継続的な努力が必要です。中小企業の支援策は短期的な収益にこだわらず持続可能な成長に焦点を合わせなければなりません。

――韓国の大企業は中小企業の成長を妨げているという批判を受けています。一部では納品単価を大きく下げさせるなど、共生とはとても言えません。

シュベンカー ビジネス文化の差のように思います。ドイツでも似たような事例が10年ほど前に自動車業界でありました。BMWやポルシェのような大企業が短期的なコスト削減という目標のために納品単価を下げるよう迫り、納品企業との間で摩擦が起こったのです。世論の反応が良くなかったため、大企業は中小企業に共同研究開発のプロジェクトを提案し、両者が額を突き合わせてコスト削減と競争力向上に取り組み始めました。

ドイツは家族経営企業という長所があるため、研究開発では中小企業のほうがかえって優れているのです。ここに大企業の資金力が加わり、ドイツ車の競争力は日に日に強まっています。

――ドイツの家族企業は経営権の継承問題で物議を醸すことはありませんか。

シュベンカー ドイツには5～6代を超える家族企業が10万以上あります。多くの企業は経営権の継承問題に悩みますが、これは子供が家業を受け継ぐと言って争うのではなく、家業を継がないと言って外れようとする問題です。新世代のオーナーは頭の痛い経営を引き受けたがりません。そのため最近は中小企業の専門経営者の株がますます上がっています。

次世代の企業家を育てるのはドイツでも重要なイシューです。ここ10年、大学の経営学の授業では「外部の人材による家族企業経営論」のような講座が増えています。

労働組合員が参加する役員会を通じた競争力の強化

――ドイツ経済の強みとして、二元的な取締役会の構造が挙げられることがありますが。

シュベンカー　ドイツの競争力にとって大変重要な部分です。ドイツ企業には執行役会と監査役会があり、牽制《けんせい》と均衡を達成しています。執行役会が戦略を策定し監査役会が承認する形で運営されています。金融危機以降、今のように不安定な時期に二つの取締役会があるということは、競争力にプラスに働く要因です。企業が何らかの冒険をする前に、役員が最低でも二度熟慮することになるからです。

最近はアメリカの会社もドイツ式の二層型取締役会の制度導入を検討しているそうです。

アメリカの経済調査機関、全米産業審議会が昨年調査したところによると、回答したアメリカ企業のうち30～40%が二層型取締役会の導入に肯定的であることが明らかになりました。

——従業員が500人以上のドイツ企業では労働組合員が監査役会に参加します。組合員が経営に直接、決定権を行使できるという事実に驚きます。

シュベンカー　組合員が役会に参加する制度をミットベシュティムングと言うのですが、英語では「共同議決」と翻訳されます。英語で正確に表現する単語すらないという点で、この制度は非常にドイツ的と言えますね。

組合所属の労働者が役会で重要な決定を下すことは、経営にとって非常にプラスに働きます。組合員は直接決定に関わったということで所属意識が強まり、会社の決定にきちんと従うことにつながります。「会社の主《あるじ》」という意識が生まれるわけです。ミットベシュティムングは特に経営が厳しい時期にその真価を発揮します。賃金の凍結など会社として厳しい決定をしなければならない時に、組合員が自分たちで会社の経営状態や展望を検討し納得できるようになります。

――ドイツモデルは決定が遅く変化に素早く対応できないという指摘があります。

シュベンカー　もちろん短所はあります。あちこち説得しなければならない人が多いため、最終決定までには少し時間がかかります。

ですが逆に考えてみてください。決定が下された後は一糸乱れず、です。経営陣と組合員が揃って合意しているからです。熟慮の上の決定であるため、より良い決定である可能性も高まります。アメリカモデルは会長とＣＥＯの即断即決で動きます。しかし今のアメリカ経済を見てください。即断がイコール良い決定だったと言えるでしょうか。

アニタ・エルバース

ハーバード・ビジネス・スクール教授

Anita Elberse

ハーバード・ビジネス・スクール教授（経営学）で、ハーバード・ビジネス・スクール史上最年少終身教授となったうちの一人。彼女の講義は数百人の学生が集まるほど人気があり、2011年にはハーバード・ビジネス・スクール最優秀講義賞を受賞。彼女の文章は『ニューヨーク・タイムズ』、『ウォール・ストリート・ジャーナル』、『バラエティー』、『フォーチュン』など有数の新聞や雑誌に多数掲載され好評を得ている。

つまらない1000人より確実な1人に集中せよ

マンチェスター・ユナイテッドのアレックス・ファーガソン前監督、歌手レディー・ガガのマネージャーのトロイ・カーター、ウォルト・ディズニー・スタジオのアラン・ホーン会長……（肩書きはすべてインタビュー当時）。

彼らの共通点は何だろうか。答えは同じハーバード・ビジネス・スクールの講義で講演していること。アニタ・エルバース教授が教える、クリエイティブ産業の戦略的マーケティングという授業でのことだ。

2011年にこの講義を聞いた卒業生のチェ・セヨン氏によると「定員120人の授業に平均500〜600人が申請する」そうだ。テニス界のスター、マリア・シャラポワ、ヒップホップ歌手のジェイ・Z、NBAのスター、レブロン・ジェイムスら、芸能・スポーツ界の成功の秘密をケーススタディとして取り上げ、実際に芸能・スポーツ界の要人を招待して講演を行う。2011年にはハーバード・ビジネス・スクール最優秀講義賞を取っている。
エルバース教授は2008年『ハーバード・ビジネス・レビュー』に寄せた「ロングテールに投資すべきか?」で学界に反響を呼び起こしたことがある。「ロングテール理論」の創始者、『ワイアード』の編集長だったクリス・アンダーソンと論争を繰り広げ、根強かったロングテールの人気を揺るがしたのだ。

エルバース　エンターテインメント業界のロングテールは、尻尾《しっぽ》は長いですが平らです。つまり収益が出ないということを意味します。2006年のアメリカで、音源の再生回数3200万のうち上位10%の音源が全体再生回数の78%を占めました。DVDレンタル市場でも上位10%のDVDが、レンタルされた全DVDの48%を占めています。アップルの音源390万のうち、一つの音源が全体販売量の24%を占めており、360万はそれぞれ100も売れませんでした。エンターテインメントの世界にロングテール市場はありません。勝者の市場が存在するだけです。
クリス・アンダーソンは、インターネットの拡大とともに消費者はヒット商品から遠ざかりニッチ商品を求めると主張しています。ですが、ユーチューブを見てください。PSY《サイ》の『江南《カンナム》スタイル』は17億ビューを記録し、『ジェントルマン』は4億ビューを超えました（数字はインタビュー当時）。一方でゼロ・ビューを記録した数千を超える動画をどのように説明すればいいのでしょうか。

エルバース教授の研究室はアメリカンフットボールのボール、サッカーのユニフォーム、エレキギターなど、他の教授の研究室ではお目にかかれなさそうな物であふれていた。「ロックスター」というニックネームを持つ彼女は、２０１１年にハーバード大学から終身雇用を保障された時に、ニューヨーク、ラスベガス、ロサンゼルスのナイトクラブで10日間、知人を招いてパーティーを開くという型破りの行動で学内の話題となった。彼女は記者と向かい合って座るとすぐに「教授と呼ばず、気楽にアニタと呼んでください」と話を切り出し、挑発的な口調で質問に答え始めた。

ロングテールは金にならない

――ロングテール理論に異議を唱えたのはなぜですか。

エルバース　私が最も好きな本はロバート・フランクの『ウィナー・テイク・オール――「ひ

とり勝ち」社会の到来』（日本経済新聞社、１９９８年）です。スポーツ選手や企業など、少数の専門家が他の人よりはるかに多くのお金を儲《もう》ける理由を説明しています。私は「プランB」というものはなく、「プランA」だけがあると考えています。

クリス・アンダーソンは、すべての需要は尻尾に集まると主張しました。しかしそれは事実ではありませんよね？　スーパーボウル（アメリカンフットボールの決勝戦）を見てください。数千万の人間が見ますが、インターネットにはそれと並ぶものはありません。ではコンテンツを作る人はどうすべきでしょうか。確実なＰＳＹが１人、必要です。ＰＳＹ周辺に、弱々しいコンテンツが１０００あったとしても１人のＰＳＹに敵《かな》いません。

――ロングテールはないということですか。

エルバース　いいえ、ロングテールは存在します（彼女は紙にロングテールのグラフを描き始めた）。問題は尻尾が長くなるほど、低くなることです。

基本的にロングテール理論には誤った部分があります。誰かがニッチ商品を選ぶ時、その誰かはそれしか選ばないと考えていることです。ですが10回のうち9回は白黒映画を選ぶマニアも、『パイレーツ・オブ・カリビアン』のような大衆映画を大変に好みます。尻尾も好きだけれども、頭も好きというわけです。もちろん本当に大衆的なコンテンツを嫌うマニアもいますが、それは少数に過ぎません。

――クリス・アンダーソンのフリーミアム論についてはどう思われますか。

エルバース　安い物を分け与え高い物を売るというスタイルはかなり以前からありました。代表的なものとしては剃刀《かみそり》がありますね。剃刀の本体は安く売りますが、刃は高く売ります。最近の問題は、価値がありお金を支払ってもらえるだろうコンテンツさえ無料で配付しているという点です。非常に優れたマーケッターになるには、製品の価値を見極める能力が必要だと思います。マーケティングは結局のところ、何ということはなく顧客を訓練することなのです。

スターバックスは消費者に、コーヒー1杯に4ドル払うことは普通だと訓練しました。しかし消費者は、音源一つに1ドルを支払うことを大変な浪費であり詐欺的だと考えますよね？　その音源一つは数百万ドルをかけて作られていて、コーヒー1杯は50セントをかけて作られているのに、です。つまり顧客が「もう少し安くあるべき」と感じる産業は、その産業自体が危機にあると見なければなりません。

小さいベッティングは大きいベッティングよりさらに危険

――ブロックバスターをうまく作り出しているエンターテインメント企業はどこでしょうか。

エルバース　ウォルト・ディズニー・スタジオのアラン・ホーン会長です。彼の戦略はビッグイベント戦略と呼ばれます。彼はワーナーブラザースにいて、１９９８年にディズニーに移りましたが、当時のディズニーは数十の映画に保守的な金額を投資していました。例えば年に映画を20～25本撮るのですが、ディズニーは総額20億ドルを1億ドルずつ、様々な映画に公平に投資していたのです。ですが売上は２４０億～２５０億ドルと、足踏み状態でした。

しかし新しく就任したホーンは、良いアイデアを持つ映画に3億～4億ドルずつ、オールインしました。20本の映画のうち３～４本に集中的に投資するわけです。ブロックバスター・ベッティングと言いますが、ハイリスクな戦略です。これを通じて今、ディズニーは売上を４００億ドル以上に伸ばしています。最も多く投資をした作品が、長期的に最も収益率が良かったためです。『スターウォーズ』シリーズや『アイアンマン３』のような作品がその例です。

――ハイリスクだと失敗の確率が高くはないでしょうか。

エルバース　大事なポイントです。小さいベッティングのほうがさらにリスクが高いというのがエンターテインメント業界の考えです。1000万～2000万ドルを投資する映画のほうが1億～2億ドル投資する映画より失敗する可能性が大きいというわけです。

記者が彼女の話に首をかしげたところ、彼女は目を見開いて言った。

エルバース　今の私の話が信じられませんか？「なぜハーバード大学はこの女の終身雇用を保障したんだ？」という顔をしていますよ（笑）。

――失敗した映画も多いではないですか。

エルバース　もちろんです。しかし、それより成功するほうが多いので可能なのです。

──他の産業よりはるかに高いリスクを負っているわけですね。

エルバース　はい。一般的な産業よりずっとハイリスクです。そのためハリウッドの会社のトップは皆失敗を経験しています。このような単純さが一般的な会社にもあればいいと思います。

──エンターテインメント会社は顧客ニーズをどのように分析するのでしょうか。

エルバース　意外と消費者調査はしないのです（笑）。例えば「20％の消費者がジェニファー・ローレンスを見たがり、80％はエイミー・アダムスを見たがる」といった調査はしません。ただ極めて単純に「これは過去に成功したので映画でも成功する」と考えます。最近人気の高いビッグデータのようなものはあまり通用しないということです。

ハリウッドでは、過去に少しでも愛された作品をリサイクルするケースが多いです。それなりに成功した作品にオールインし、多額の投資をして大ヒット作品として復活させるのです。それに対しては批判もたくさんあります。同じコンテンツに頼りすぎだとね。批判にも一理ありますが、ビジネスは収益率が良くなくてはなりません。

——少し前にPSYがハーバード大学で講演しましたよね。

エルバース　すごかったですよ。原稿を見ずに聴衆にメッセージを伝える能力がありました。私も少しだけPSYに挨拶《あいさつ》をしました。彼は実に際立っていました。パク・チソン選手にPSY、韓国はまたビデオゲームでも優位に立っています。

——PSYの『ジェントルマン』は失敗したという指摘もありますが。

エルバース　いいえ、私が見る限りとても素晴らしいです。『江南スタイル』が成功を収めた後は大失敗する可能性もありました。彼はハーバードで講演を行った時に、「ビルボードの30位程度では恥ずかしい。もっと上を目指したい」と言っていましたが、彼はビルボードに入っているのです！　私は失敗とは思いません。

——もし教授が韓国政府の「創造経済」の担当者なら、何を優先的に進めますか。

エルバース　クリエイティブ産業は、なかったものを新しく作ることだとは思いません。すでにあるものを一番に押し上げる必要があります。韓国はビデオゲームや音楽が強いので、その分野でのグローバル・リーダーを目指すといいでしょう。そのために韓国のテレビ番組を世界で見られるようにするのです。ブラジルはテレビ番組作りに長《た》けていて、どのアジアの国よりも輸出がうまくいっています。韓国はまた、ビデオゲームの分野で世界3位の水準にある割には、評価がとても低いです。

オリビア・ラム

シンガポールの水質浄化企業　ハイフラックスCEO

Olivia Lum

シンガポールの水質浄化企業ハイフラックスのCEO。2011年アーンスト・アンド・ヤングの「ワールド・アントレプレナー・オブ・ザ・イヤー」を受賞し、世界に知られる人物となった。東南アジア屈指の女性富豪の一人であり、2012年『フォーブス』が選ぶ「アジアで最も影響力のあるビジネスウーマン50人」にも入っている。1986年から1989年まで現グラクソ・スミスクラインの研究員として勤務、1989年に会社を辞めて水処理会社ハイドロケム（ハイフラックスの前身）を設立した。2002年から2004年まではシンガポールの指名国会議員を務め、シンガポール水協会会長として活動している。

世界を救いたいと夢見たことが私を救った

シンガポールで生まれてすぐマレーシアのとある老女の養子となり、炭鉱の村にある板張りの粗末な家で育った孤児。彼女は実の両親の顔も知らず、毎日朝早くから水汲《く》みのために遠くまで往復しなければならず、1日2時間しか電気のこない劣悪な環境で育った。わずか2時間の間に学校の宿題などをすべて終わらせ、子供でありながら家族の生計を支えるために様々な物を売ってお金も稼いだ。9歳の頃からはカバンを編み、葬儀場で笛も吹いた。

彼女は「勉強を諦《あきら》めなかったことが私にとって最大の幸運」と言い、「どの瞬間も危機的だったが、どんな状況でも肯定的に世の中を見ていた」と続けた。28歳で起業して東南アジア最高の女性富豪（2011年の純資産4億6000万ドル）となり、「水の女王」と呼ばれるオリビア・ラム。シンガポールのハイフラックスCEOの話だ。

ハイフラックスは海水を浄化し産業用水や飲料水にする海水淡水化分野の先端技術を持っている。アルジェリアにある世界最大の淡水化工場（２００８年）や中国の国内最大の淡水化工場（２００３年）、インド最大の淡水化工場（２０１２年）などを受注しており、環境に優しい最上級の水質浄化装置、メンブレン membrane 技術は世界最高レベルだ。

ハイフラックスの売上は２００１年の１４００万ドルから２０１１年には3億７００万ドルへと、20倍以上も伸びた。メンブレン事業分野では世界第6位だ。シンガポール航空やシンガポールテレコムなど大多数の大企業が国営のうえ、保守カラーの強い経済界にあっては数少ない民営企業の女性創業者でありＣＥＯのラムは、シンガポール人が最も好感が持て、最も会いたい企業家に仲間入りした。

イギリスの『フィナンシャル・タイムズ』が選ぶ「世界で最も影響力のある女性企業家」35位（２０１１年）に入ったオリビア・ラムＣＥＯに、２０１３年1月シンガポール本社で会った。

シンガポールのベンデミール・ロードにあるハイフラックス本社の社屋は環境に優しいビルだ。1階には訪問客のために、ホテル並みのラウンジと人造湖を配した庭がある。ラウンジで記者に握手を求めてきたオリビア・ラムＣＥＯは、湖のある庭を見ながら明るい笑みを浮かべた。板張りの粗末な家で暮らしていた少女の、自らが創業した会社に対するプライドをうかがわせた。
オリビア・ラムは幼い頃ギャンブルにはまった養母に代わって様々な商売をしながらも勉強を諦めず、シンガポール国立大学に進学、化学を専攻して優秀な成績で卒業した。世界的な製薬会社、現グラクソ・スミスクラインに就職し3年で退職。28歳だった１９８９年に創業した。住んでいた家と車を売り、2万シンガポールドルを用意してオートバイと水処理water treatment装置を購入。従業員はわずか2人だった。

ラム　営業から溶接、配管まで自分でやりました。私がやり方を知っていたので、従業員も指示によく従ってくれました。

朝5時に起きて夜12時まで、安価な産業用水を必要としていそうな中小企業の門を叩《たた》いた。

ラム　お金、技術、経験、ブランド、何もありませんでしたが、絶対に世の中で必要とされている仕事だと信じて、ひたすら走り回りました。

失敗を恐れるな、10回のうち1回成功すればラッキーだ

彼女の第一印象は強靭《きょうじん》でしっかりしている女性といった感じだが、夢多き少女のような様子もうかがえる。

ラム　当時は皆に「不確かで不可能なことだ」と言われました。本当に純真だったのです。でもその年頃の人間は、誰かを助けたいという夢を見たりするでしょう？

彼女は「自分の始めたことは成長ビジネスだと信じて、何もないところからスタートしたが、水質浄化への関心が高まった今も水産業は成長の可能性が無限大の事業」と言う。

——会社生活を3年で終え、不確かな事業に飛び込みました。度胸がありますね。

ラム　化学者としての生活には刺激がありませんでした。私は幼い頃から家計を支えるために、果物やパンなどとにかく何かを売らなければならなかったのです。ビジネスとは何かを

学べる環境にあり、大人になったら何でもいいから自分で事業を興そうと考えていました。当時グラクソは水処理にかなり多額の投資をしており、廃水を産業用水にリサイクルしていました。お金のないアジアでは考えられないことでした。皆が水を汚染していましたが、誰もきれいにはしませんでした。誰かがやらなければと思いました。

――当時、水処理に関して特別な技術でも持っていたのですか。

ラム　いいえ、まったく。ただ夢だけがありました。それでも市場調査を通じて潜在的な需要があることは分かっていました。私をこの道に導いたのは二つ。一つは市場が非常に大きいということ、もう一つは高貴な事業だということです。

――厳しい環境の中で、どのように会社を育てましたか。

ラム　最初に始めたのは各種メーカーを相手に、廃水を化学処理して産業用水にリサイクルする事業でした。ところがシンガポールの企業は大会社しか相手にしようとしません。私にはマレーシアへ行く選択肢しかありませんでした。自らバイクに乗り、片っ端から会社を訪ねて回りました。ドアを叩いても開けてもらえなかったり、開いた途端にバンと閉ざされたり、そんなことが続きます。

しかし10回叩いたら1回は開けてもらえました。一度でも開けてもらえたら本当にラッキーだと思い、その顧客のためにベストを尽くしました。最初の頃は無料でお試しサービスをしたこともあります。するとその顧客が違う顧客を紹介してくれることもあるのです。顧客から電話があればとにかく4時間以内に駆けつけてサービスを完了させました。

最高の広告は口コミです。口コミのおかげで取引が増え、2年後にはシンガポールの企業も私たちの会社を認め相手にしてくれるようになりました。

広い市場に早く出よ

――会社が最も大きく跳躍することになったきっかけは何でしょうか。

ラム　重要な節目が二つありました。最初は1994年の中国進出です。私にとってマレーシアとシンガポールの市場は小さすぎました。最初は厳しかったですね。当時の中国は水処理産業に関心がありませんでした。若い女性という点もマイナスでしたから、60代の男性を雇いもしました。最初の3年間は取引がほとんどなく倒産寸前までいきました。

しかし中国人は根気や忍耐、献身を美徳と考えます。諦めずに顧客との関係を少しずつ積み重ね、政府関係者との人脈も構築し、それが2003年、中国最大の淡水化工場の受注につながりました。初期の頃から現地に中国チームを作り、現在は中国人の従業員が1000人に達します。このうち6割が技術職、4割が事務職です。

——二番目の節目は何でしょうか。

ラム　創業して8年目の1997年に、水不足のシンガポールが水の自給自足達成を目標に掲げ水産業の育成を宣言したことです。政府が最初の10年間に多額の投資を行い、関連企業にインセンティブを与えました。中国まで活動範囲を広げていたハイフラックスは政府の投資を受けやすかったのです。

政府の支援で研究開発への投資を増やすことができ、2003年にはシンガポール最大の淡水化工場も受注しました。

——ハイフラックスが保有している淡水化のコア技術はどのように開発されたのでしょうか。

ラム　研究開発投資が実を結んだものです。10年前から私たちは毎年、純利益のうち少なくとも10%以上を、条件をつけることなく研究開発に投資しています。研究開発においては効率性も重要なので、個々の研究員が市場価値のない研究分野に没頭しないよう、水産業のマーケット専門家を研究に加わらせます。研究員に対し市場が必要とする商品が何なのかを教育し、各分野間のコミュニケーションを円滑にしてトータルで思考できるようにしています。

危機は最高の人材を迎え入れるチャンス

――ハイフラックスに危機はなかったのでしょうか。

ラム　乗り越えるべき困難は何度も訪れました。投資を受ける難しさも経験しましたし、人材不足、不況のような外部要因による危機もありました。

ですが事業を行う人間は、どんな危機に対しても備えができていなければなりません。ビジネスはとても長い旅行です。危機は常にチャンスに転じます。

景気が良い時は主力のビジネスに集中すべきですが、厳しい時は他のことにも気を遣わなければなりません。私は危機の時に優秀な人材の採用にエネルギーを使いました。危機は私たちのような小さな会社が人材を引き抜く絶好の機会です。そのようにして迎え入れた人材が会社を成長に導いてくれます。ですから私は、むしろ危機を待っていました。

――どのような人材をどのようにして迎え入れたのでしょうか。

ラム　基本的にコア技術分野でトップクラスの能力を持つ人を積極的に迎え入れました。彼らは高級ジムやレストランのある立派なオフィスで働くことを希望しますが、私は彼らに会社のビジョンを話しました。そして彼らが会社の成長と共に立派なキャリアを積むことができるという点を強調しました。説得するのに数年かかった人もいます。また私は、ポジティブな考え方とエネルギーを持つ人を選びます。悲観的な人は歓迎しません。ネガティブなエネルギーはビジネスに役に立ちませんから。

――2001年にITバブルがはじけ株式市場が暴落した時に上場しましたが。

ラム　当時、大多数の企業がIPO（株式の新規公開）を敬遠し、私たちも延期するようにと周囲に止められました。ですが私たちの会社はＩＴとは少し異なる分野です。成長潜在力を十分に持つ企業でしたし、シンガポール証券取引所に初めて上場する水処理業者であり、勝算があると考えました。結局、上場後３週間も経たないうちに株価は２倍になりました。

――あなたのリーダーシップはどんなスタイルでしょうか。

ラム　私はゼロから会社を作ったので、様々なことに自ら関わる「所帯型」スタイルです。社員とできるだけ話をするようにし、現場をまめに訪れます。ビジネスは体のようなものです。目より耳のほうが大事だとか、口が手より大事だとか、そういうことはありません。人事、財務、戦略のどれ一つとして重要でないものはないのです。

中国には「家は天辺《てっぺん》が丈夫でなければ下も駄目だ」という諺《ことわざ》があります。リーダーがしっかりと手綱を握っていなければ、組織は緩みます。

――女性企業家ということで、困難も多かったのではないでしょうか。

ラム　ビジネスは女であれ男であれ同じように大変です。成功した女性企業家が珍しいのは、初めから事業を目指す女性が少ないためでしょう。これは個人の選択の問題です。
女性が仕事と家庭の両方で成功するのは一層難しいことです。完全に異なる二つの方向を適宜切り替えながら前進することは容易ではありません。もちろん両方を上手にこなす女性もいますが、そのような女性は真のスーパーウーマンですね。

――若い世代にアドバイスするならば。

ラム　どんな夢でもいいので夢を持ってください。夢に向かって努力をしていればチャンスが訪れます。チャンスはあなたが作るものです。そしてそのチャンスをつかんでください。夢がなければすべてが終わります。夢を見ることをやめないでください。

あなたのエネルギーはどこから湧いてくるのかと尋ねたところ、彼女は頭を指し「ここです。考え mind から湧きます」という答えが返ってきた。

ラム　あなたが楽しいと思えば楽しくなり、幸せだと思えば幸せになります。すべては考え方次第です！

趙玉平

北京郵電大学副教授

Zhao Yuping

企業管理及びリーダーシップ、人材資源や中国古典の管理思想の専門家。清華大学、復旦大学、電子科技大学においてMBA課程の講義や研究活動を行っていた。中国国営放送と北京テレビの人気番組『心理訪談』や『科教观察』に出演。チャイナモバイル、中国石油化学グループ、自動車の上海大衆グループなど中国経済を動かす核心的企業で人事管理及びコミュニケーション、人材資源管理を指導した。諸葛亮や司馬懿などに関する著書がある。

真のリーダーは自分を下に置いてビジョンを提示する

曹丕《そうひ》（曹操《そうそう》の息子であり魏《ぎ》王朝の初代皇帝）が亡くなり、47歳の司馬懿《しばい》は曹真《そうしん》（曹操の甥《おい》）と共に若き皇帝曹叡《そうえい》を、側近として補佐する重責を引き受けた。中国の歴代王朝は常に臣下間での権力闘争が激しく、この時も例外ではなかった。

曹真は西側の前線を共に守った司馬懿を絶えず牽制《けんせい》した。しかし司馬懿は曹真のために積極的にアイデアを出し、さらには自分の手柄をすべて曹真に譲るまでした。

司馬懿は60歳になった時、皇帝曹叡の特別な計らいで久しぶりに故郷へ戻る。村人の熱烈な歓迎を受けて涙を浮かべた彼は、豪快な気概と抱負を詩にして詠んだ。だが最後の一節「告成帰老待罪舞陽」は意味深長だ。偉業を成し遂げて故郷に戻り処罰を待つ、すなわち権力に関心を持たないという意味に解釈できる。酒に酔って意気揚々と野心をのぞかせるものの最後の瞬間にすっと隠してしまう処世術は、司馬懿が一生を通して守ってきたことだった。

司馬懿、機会を捉える時まで黙々と耐える

『三国志演義』で司馬懿は、ライバル格の諸葛亮《しょかつりょう》に対し、常に後手に回る相手として描かれている。しかし彼はこのように本心を見せることなく、妬《ねた》みや批判をやり過ごす卓越した忍耐心を持っていた。

司馬懿が40年間、曹操を始めとする曹家の4代にわたって仕え、後の三国統一の基礎を固めることができたのは、このような処世術のおかげだった。

現在のように定年退職が保障されていない組織生活において、「強い者が生き残るのではなく生き残る者が強いのだ」という言葉が一種の真理になって久しい。このような視点から見ると、チャンスをつかむ時まで黙々と耐え73歳で天寿を全うした司馬懿が、もしかすると『三国志演義』の中で最強の人物なのかもしれない。

曹操、部下に冷酷だったが融通性も発揮

それでは「乱世の奸雄《かんゆう》」と呼ばれる曹操はどうだろうか。彼は冷酷だったが、部下の扱い

には融通性を発揮できる指導者であった。官渡《かんと》の戦いで袁紹《えんしょう》を破った後、曹操は銅の火鉢に火を起こし袁紹と内通した自分の部下の名簿をすべて燃やした。「袁紹勢力は実に強く、私でさえ自らを守れるか心配であった。ましてや他の者はどうであろうか」。ただ一度の失敗を犯した馬謖《ばしょく》を、諸葛亮が涙を流しながら斬ったことと対比される場面だ。

中国の三国時代の英雄豪傑を描いた『三国志』が今でも多くの人に話題にされ、最高経営者が最もよく読んでいる図書としてたびたび取り上げられる理由は、このように『三国志』に登場する人物の処世術とリーダーシップが絶えず再解釈され、現代を生きる私たちに常に新しい教訓を与えてくれるためだ。最近、中国国営放送の人気番組『百家講壇（論語、史記など中国古典に関する講座で、毎晩放映されている）』で、『三国志』が人気を呼ぶ理由もここにある。

北京郵電大学経済管理学院（経営学科に該当）の趙玉平副教授は『百家講壇』での『三国志』の講座を通じて一躍スターダムにのし上がった人物の1人だ。『百家講壇』は前身にあたる番組と合わせて10年以上放送が続く人文学の講座。

趙副教授はこの10年間、『百家講壇』を始め、チャイナテレコム、中国ノキアグループ、清華大学、復旦大学などで活発に講義活動を行っており、２００９年には中国の記者から

「中国十大国学講師」にも選ばれている。
北京市西部の海淀《かいてい》区にある喫茶店で趙副教授と会った。はるか1800年も昔に書かれた『三国志』に現代の経営者が進むべき道を求めた理由を尋ねたところ、彼は次のように答えた。

曹操型リーダーの三つの資質

趙　『西遊記』を見ると、孫悟空は三蔵法師に対して怒ったり、時には自分勝手に振る舞ったりもします。孫悟空がそう振る舞えたのは優れた能力が裏で支えていたためです。（組織において）実力のある人は怒ったり上司に食ってかかったりしても、ある程度までなら「それでもあの人は仕事ができる」と許容されます。ですが、実力もない人がそのように振る舞ったら、自ら災いを招くことになるでしょう。このような文化的パターン、人間関係的な部分は昔も今もさほど変わりません。そのため現代を生きる私たちも、過去の組織に適用されていた規則から学ぶことができるのです。

彼は2013年の初めに中国で、曹操のリーダーシップと処世術に関する本を出版した。

今日の私たちは曹操から何を学ぶべきなのか。

趙　「温和な性格」という資質は、決してリーダーが成功するための必須《ひっす》条件ではありません。では、どのようなリーダーが成功したのでしょうか。第一に遠くまで見通すことのできる視点、第二に決定的な時機にぶれずに決断を下すことができる果敢さ、第三に抱負と気概が必要です。曹操からはこの三つの資質がすべて見てとれます。

例えば曹操の下には夏侯惇《かこうとん》という勇敢な武将がいました。夏侯惇は勇猛なことこの上なく、大きな戦で何度か勝利を導きましたが、曹操は夏侯惇にこのように話します。「君の長所は勇敢さだ。だが君はその長所により失敗することもあるだろう」と。火のような性格の夏侯惇は呂布《りょふ》討伐の時に矢に当たり左眼を失います。この例からも分かるように曹操は常にずっと先を見通すことのできる人でした。

劉備、一人で決定せず部下の意見を重視

曹操から学ぶことが多いと主張する人は彼だけではない。毛沢東は「曹操は歳月を飛び越えた英雄だ」と言い、最近では韓国内でも曹操のリーダーシップを肯定的に評価する著書が

紹介されている。

だが絶対的に数の多い曹操の軍隊が赤壁《せきへき》の戦いで劉備《りゅうび》・孫権《そんけん》連合軍に大敗したことが、曹操のリーダーシップの限界を示しているのではないだろうか。これについて趙副教授は「曹操に誤りがあったとするならば、それはその時まで極めて順調に成功を収めていたため周辺のリスクを考慮できなかったこと」と言う。

彼は曹操が決定的に油断した事例を挙げた。孫権の武将、黄蓋《こうがい》が鞭《むち》で打たれた後に、恨みを抱いたように見せかけて曹操に投降した時のことだ。黄蓋は投降した後に、東南風が吹く時を待って、兵糧補給船に偽装した船に乗り曹操の水軍に接近して火をつけた。火は風に乗って手のつけようもないほど広がり、曹操軍の船をすべて燃やした。

趙　曹操はそれまでに度重なる戦を通して多くの立派な武将を得てきました。赤壁の戦いでも立派な武将を得られると信じて疑わなかったのです。現代の企業も成功体験ゆえ危険にさらされることがあります。ノキアやマイクロソフト、アップルでも同じです。

彼は曹操が赤壁の戦いで負けたもう一つの理由として、一人で決定を下したという点を挙げた。

――曹操、司馬懿、諸葛亮のうち現代の組織社会に最も合ったリーダーを挙げるなら、誰でしょうか。

趙　もちろん諸葛亮、司馬懿、曹操、３人とも指導者として立派な資質を持つ人物だと思います。それでも私は劉備を挙げますね。なぜなら、この３人は皆個人の技量が極めて高く、そのために単独で決定を下す傾向がありますが、劉備は「支持型のリーダー」だからです。

劉備が持つ個人的な力量自体は傑出しているとは言えません。文武の文、知略の面では諸葛亮と肩を並べるほどの龐統《ほうとう》には及ばず、文武の武では、中国で神と崇《あが》められる関羽《かんう》とは比べものになりません。しかし劉備は彼らと差別化できる自分だけの長所を有していました。文官と武官を区別することなく優れた人材を起用し、その能力を開花させる用人術です。

ただし業務や市場状況が比較的単純な企業では、曹操のスタイルのほうが成功しやすいでしょう。業務が複雑で変化が急であるほど、劉備のスタイルのほうが成功を収めやすくなります。簡単かつ単純な業界は統制があればこそうまく回り、複雑な業界は専門家が能力を十分に発揮できるよう支持すればこそ組織がうまく回るものです。これまでは曹操型のリーダーが多かったですが、今後企業文化が変わっていくと劉備型が重要になってくるでしょう。

彼はまた、理想的な中間管理者としては諸葛亮、理想的な第一線の社員としては趙雲《ちょううん》を挙げた。

趙　諸葛亮は万事において仕事が着実でディテールを理解しながらも全体像を見逃しません。上のボスからは信任を得て、下の兵士からは尊敬されていました。趙雲は実力があり、強い忠誠心を持つ人物です。曹操に荊州《けいしゅう》を攻撃されて劉備が逃げる時、趙雲は劉備の幼い息子阿《あ》斗《と》を胸に抱き単騎で敵陣を突破しました。

「千里馬」のような人材には広い草原を提供せよ

『三国志』に出てくる英雄たちから見出《みいだ》せる一つの共通点は、自分の下に優秀な人材を置くための努力を惜しまなかったという点だ。現在は「人材戦争」の時代と呼ばれるほど、どの企業も優秀な人材を迎え入れようと努めている。『三国志』の英雄からは何を学ぶべきだろうか。

趙 『三国志』のうち、非常によく知られたエピソードの一つが三顧の礼です。劉備は諸葛亮を得ようと、諸葛亮が暮らすみすぼらしい家を自ら三度も訪ねていきました。このエピソードから私たちが学ぶべきことはまず、大事を成し遂げる人は常に謙虚になり、自分を低く置かなければならないということです。今、私たちはお茶を飲んでいますが、茶道にたとえると人材は水で組織は湯飲み茶碗《ちゃわん》です。茶碗に水を注《そそ》ぐには茶碗が下になければなりません。ですから、組織を導くリーダーは常に自分を低く置くべきなのです。

人材を適材適所に配置しなければならないという点もやはり『三国志』の教訓だ。龐統は非常に醜く洗練されていなかったため、劉備は彼のことを好きではなかった。劉備は龐統に、耒陽《らいよう》という辺境の小さい村を治めるよう命じたが、龐統は仕事を満足にこなせず免職となった。後に龐統の才能を高く評価した諸葛亮が彼を再び中央に呼び、軍隊の指揮を任せた後にようやく龐統は能力を発揮した。

趙 私たちの手を見ると、太い親指、長い中指、動きの少ない薬指などがあり、指ごとに役割が異なります。このすべての指が適材適所にあってこそ健康な手と言えます。しかし親指が太くて良いからと言って五指がすべて親指になろうとしたら、あるいはすべて中指になろうとしたら、そのような手は機能を発揮できません。

——劉備の下には優秀な人材がたくさんいました。人材を集めるためには、どのような努力が必要でしょうか。

趙　1日に千里を行くという伝説の千里馬が好むのは広く走り回れる草原です。ですからもし千里馬が欲しいのならば、そのような空間を作ってやらなければなりません。劉備が諸葛亮を抱えることができた最大の理由はここにあります。

二つ目は、私たちは若者にパンを分け与えるのではなく、若者が自らパンを描けるよう支援することが必要です。どういうことかと言えば、若者にビジョンを提示しなければならないということです。

劉備が諸葛亮に示したビジョンは非常に魅力的でした。劉備が天下統一という大事を成し遂げるために諸葛亮がどう貢献できるかを提示したのです。そして三つ目は、そのビジョンを構成員の能力に合わせた形で提示することです。比較的能力が低く平凡な集団には安心と満足を保障すれば足ります。しかし能力がありプライドの高い構成員が集まっている集団は、そのような満足感だけでは引き留《と》めておけません。理想や理念、価値観を実現できるようにする必要があります。彼らが自我を実現し夢を叶《かな》えられるようビジョンを与えるのです。

リーダーは情緒が安定していなければならない

——晩年に劉備は関羽を失い、傷心のあまり周囲の制止を押し切って強引に呉を侵攻し失敗してしまいました。リーダーの無理な我執が時に組織に大きな危機を呼び込むこともあります。このような失敗を犯さないためにリーダーにはどのような努力が求められるでしょうか。

趙　まずリーダーは情緒が安定していなければなりません。過去から現在に至るまでに起きた数多くの歴史上の事例を振り返ってみると、情緒が安定していない状態で何かをするとすべて失敗します。事業をするとなると多くの悩み事が生じます。ですから様々な試練にぶつかった時は、このような不安定な状態をきちんと耐え抜くことができるだろうかと、自分自身を冷静に判断しなければなりません。

もう一つは、重大な案件を決める時は独断で決めないことです。リーダーが冷静さを失っているようなら周囲の人間がそばから助言を出すようにしてください。

10万の大軍が800人の兵士に負けた理由

『三国志』には経営者にとって反面教師になるエピソードが多い。孫権の合肥《ごうひ》の戦いもその一つだ。孫権には張昭、周瑜《しゅうゆ》、魯粛《ろしゅく》、呂蒙《りょもう》など錚々《そうそう》たる臣下が揃っていた。それでも曹操の武将、張遼はわずか800の兵士で孫権の10万の大軍を打ち破った。趙副教授は「この戦いから三つのことが分かる」と言う。

趙　第一に、孫権は水軍では強かったのですが陸地では特に強いということはありませんでした。朝鮮の李舜臣《イ・スンシン》将軍は水軍を指揮する時は優れた能力を発揮しましたが、陸軍だったならどうでしょうか。孫権は誤って自分の脆弱《ぜいじゃく》な領域に挑戦し、失敗したのです。

第二に、孫権は攻撃の方向を誤りました。組織の力を勝てる所に投じるべきなのに、孫権が攻撃を仕掛けたのは非常に優れた武将、張遼のいる所でした。孫子兵法の「避実就虚（敵の主力を避け弱い所を攻めよ）」という戦略で失敗したのです。

諸葛亮と司馬懿が祁山《きざん》で真っ向から対立した時に諸葛亮が採択したのがこの避実就虚の戦

術だ。司馬懿は小規模部隊を上邽《じょうけい》に配置し、自分は主力部隊を率いて祁山で諸葛亮と決戦を行うことにした。すると諸葛亮は司馬懿との正面対決を避け、魏の軍隊が脆弱な上邽まで後退した。

趙副教授は「次の三つ目が最も重要だ」と言い、組織内の団結の重要性を強調する。

趙　孫権の部隊は管理において不十分な点が多かったのです。組織の人間がお互いに協力し助け合うモデルがまったくできていませんでした。指を握りしめ拳《こぶし》を作ってこそ力が生まれますが、指を開いたままでは力は四方に分散し殴ることはできません。合肥の戦いから得られる教訓は、企業は自分たちの力量を統合できるように組織を管理しなければならないということです。

ハーバード・ビジネス・スクール教授
テレサ・アマビール、ボリス・グロイスバーグ

Teresa Amabile

ハーバード·ビジネス·スクール教授で、個人の創意性とチームの創意性、組織革新分野の大家と呼ばれる。2011年度のThinkers50で18位となり、革新賞を受賞。ハーバード·ビジネス·スクール研究部門理事、クリエイティブ教育財団とシーマン·コーポレーションの役員としても活動している。

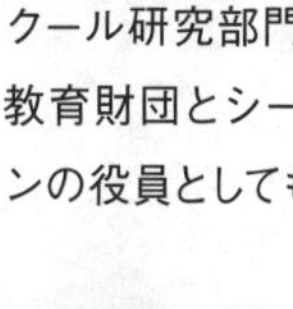

Boris Groysberg

ハーバード·ビジネス·スクール教授で、人材管理と組織の行動学を教えている。人材戦争時代において、役員まで昇進できる潜在能力を持つ人材を体系的に養成する企業が意外に少なく適切なシステムもない状況で、人材管理や選抜過程の研究を行っている。

社員の感情も管理できる企業が成功する

企業という組織が誕生してから現在まで、解消できていない永遠の悩みが一つある。それは人材管理だ。どうすれば社員に主体的かつ情熱的に仕事をしてもらえるようにできるだろうか。そしてどのような人材を採用すべきだろうか。

私たちはこの問題を集中的に掘り下げているハーバード・ビジネス・スクールの2人の大学者、テレサ・アマビール教授とボリス・グロイスバーグ教授に会って話を聞いた。

テレサ・アマビール教授の動機付けのやり方

手厚い年末のボーナス、社内のプール、高級レストランに劣らぬ社員食堂……。

グーグルのようなグローバル企業が社員の福利厚生に大々的に投資したというニュースを

聞いてため息をつく経営者は多いだろう。そのような「人参《にんじん》」を吊《つ》り下げないと創意性は高まらず成果が出ないのだろうか。人参が用意できないからと言って何もしないわけにもいかず……。

だが約30年間にわたり創意性について研究してきたハーバード・ビジネス・スクールのテレサ・アマビール教授は組織の創意性を高め成果を出すためには必ずしもコストをかける必要はなく、良い方法があると主張する。

アマビール　成果を上げるための最良の方法は何だと思いますか。実は社員をポジティブな気分にさせることです。彼らの心理状態が成果を左右するのです。人間はうれしい時に自分の業務環境を肯定的に受け止め、自分の業務に強い動機付けを与えられた時に最も創意的になるというわけです。

気分が良い時に成果が上がるのは、様々な研究で明らかにされた周知の事実ではないだろうか。しかしこの後に続く彼女の説明は多くの人にとって意外に感じられるかもしれない。

アマビール　では何がポジティブな気分を作り出すのでしょうか。福利厚生やボーナスのようなインセンティブ？　いいえ、違います。最高の気分が続く1日を作る方法は実に簡単です。毎日、些細《ささい》な業務であっても意味のある小さな成功を味わえるようにすることです。

アマビール教授の主張は、根気強く続けられた研究を基にしており科学的である。彼女が分析の対象としたのは、それぞれ業種が異なる七つの企業の社員が書いた日記だった。これらの企業で、研究開発など製品の革新業務を担当する社員238人に毎日日記をつけてもらい、最短で3か月、長い場合は1年にわたって電子メールで提出してもらうようにした。その日その日の感情と業務の進捗《しんちょく》状況などについて7段階で評価し毎日提出してもらったのだ。社員の気分が日々どのように変わり、それが創意性や成果にどのような影響を与えるのかを調べるためだ。そして1万2000に達する多くの日記が集まった。

その結果、最初に分かったことは、社員の全般的な気分（1日のうち個人のポジティブあるいはネガティブな感情の総合）が良くなるほど創意性も高まるという点だった。不愉快な気分の日に比べて、良い気分の日は社員が創意的なアイデアを思いつく可能性が50％高いことが分かった。彼女は1万2000の日記を細かく調べ、社員が実際に「創造的な思考」をしたかどうか把握した。「創造的な思考」は、新しいアイデアを考えついたり、問題解決の過程に関わったり、アイデアを見つけ出したりすることと定義した。

それでは、職場でどのような時に気分が良くなるのか。再び日記を分析した結果、気分を良くする要素は大きく分けて3種類。業務で小さな成功を経験すること、業務に必要な支援を受けること、社内の人間関係で良い経験をすること（例えば尊重、承認、激励、慰労など）だ。そしてこの三つのうち、最高の気分にさせるのに圧倒的に効果があるのは、業務で小さな成功を経験することだった。

社員が最も気分が良いと感じた日に出した日記を調べた結果、最も気分の良い1日を過ごした人の76％は業務で何らかの進展を経験していることが分かり、その割合が最も高かった。業務に必要な支援を受けた日、社内の人間関係で良い経験をした日はそれぞれ43％と25％にとどまっている。

一方で、最悪な気分の1日はどうだったのだろうか。業務で挫折《ざせつ》を味わったことを理由に選ぶ社員が最も多く、67％に達した。業務における支援不足、人間関係の毀損《きそん》はそれぞれ42％と18％。アマビール教授はこのような研究に基づき、２０１１年に『The Progress Principle（進歩の原則、邦訳なし）』という本を出版し、2年ごとに発表される「世界で最も影響力のある経営思想家50人 Thinkers 50」の18位（２０１１年度）に選ばれている。

社員の不愉快な気分は組織を滅ぼす

ハーバード大学のキャンパスで会ったアマビール教授は華やかなピンクのカーディガンを着ていた。研究室の壁は教え子や家族と撮った写真で埋め尽くされている。彼女は孫に絵本でも読み聞かせるかのように、目を見開きささやくように話した。

アマビール 自分の研究結果には私自身も非常に驚きました。

創意性についてずっと研究を続けてきた人間として私は、職場で認められることが最良の心理状態を作るのに最も大事な要素だろうと考えていたからです。ですが、それよりも大事なことがあったわけです。

重要なのは、認められるかどうかより成果を出すことでした。意味のあることをして何か進展が得られたら、人はポジティブな感情を抱くようになります。同僚との関係が良くなり、強力な動機付けを得られます。そして人に認められるためには、業務でどんな形であれ小さな成功を体験していなければなりません。実際に成果を出していないのに認められると、社員は非常に冷笑的になります。

企業の管理者は彼女が明らかにした真実をどの程度理解しているのだろうか。答えは懐疑的だ。良い成果を得るためには部下の心理状態に関心を持つことが重要だという事実さえ知らない管理者が多い。彼女によると、日記を分析した七つの会社のうち、上司が社員の心理状態を理解しようと努力しサポートしている会社は1社だけだったそうだ。

著書では社員の心理状態を顧みなかった会社が破局に向かう事例が紹介されている。その一つがアメリカで十指に入っていた消費財メーカーの事例だ。この会社の開発チームは革新的な床用モップを作るためにあらゆる情熱を注ぎ、作業はすでに非常に進んだ状態にあった。ところが経営陣が突然、モップの開発プロジェクトを中止しまったく違う製品を作れと指示をする。その日、開発チームの社員は日記にこのように書いている。「私たちが意思決定を行うチャンスを増やすどころか、チームの方向性や優先順位を決める自由を奪って命令するとは。仕事をする意欲が消えてしまった」。4年後にこの会社は倒産する。

小さい成功を味わえるように

また、たとえ管理者が社員の気分と創意性が密接な関係にあることを知っていたとしても、どのような時に気分が良くなるかまで分かっているケースはまれだ。

アマビール　研究が一段落する頃、私は全世界の数十の企業に在籍する管理者約700人を対象にアンケート調査を行いました。彼らに簡単な質問を投げかけたのです。「社員に動機を付与する要素が五つありますが、重要度に順番をつけてください」と。その五つというのは、業務で小さな成功を収められるよう支援すること、明示的なインセンティブ、功績に対する承認、明確な業務目標、感情面のサポートです。結果は、700人のうち35人だけが「業務で小さな成功を収められるよう支援する」を最も重要だと答えました。衝撃的でしたね。

アンケートに答えた管理者の多くは彼女に、「会社で最高の人材を採用し、組織がシステマティックに構築されているならば、業務で成果を出すのは社員の役割であり、あえて会社が努力する必要はないのではないですか」と問い返したそうだ。

アマビール教授はしかし、「仕事で成果を出せるようサポートすれば、組織の運営はずっと楽になる」とアドバイスをした。これは莫大《ばくだい》なインセンティブに頼るより経済的だ。

――管理者も新入社員だった時期があるはずですが、なぜ部下の小さな成功を導いてやろうと努力しないのでしょうか。

アマビール　組織の大小にかかわらず、管理者になれば以前よりも広い視野を持って外部の世界を探求します。問題は管理者が外部の世界にだけ耳を傾けるようになる点です。実際に仕事を進める部下については考えなくなるのです。

――それでは社員が業務で前進できるようにするために、管理者はどうすべきでしょうか。

アマビール　まず明確な目標を示してやる必要があります。それにはコストがかかりません。1915年、南極で孤立したエンデュアランス号の隊員27人が全員生還できた理由も、隊長が明確な目標を定めたところにあります。一人ひとりにそれぞれすべきことを指示し、孤立した後も音楽やコントの公演を通じて隊員にポジティブ・マインドを持たせたのです。

明確な目標を示した後は、自律性を与えなければなりません。些細なことに干渉し細かい部分までいちいち指示するのは最悪です。それから心理的な安定感を与える企業文化が必要です。失敗したと言って部下を押さえつけ、非難、批判、処罰する行為はやめなくてはなりません。

ボリス・グロイスバーグ教授の人材招聘論

ハーバード・ビジネス・スクールのボリス・グロイスバーグ教授は自分のことを「星を研究する人間」と紹介した。空にある星ではなく、企業の競争力を高めるスター star 人材を研究するという意味だ。彼は人材管理と組織の行動学を教えている。

世界的なヘッドハンティング会社、ハイドリック・アンド・ストラグルズの招待で訪韓した彼と、ソウルのハイアットホテルで会った。彼は私たちに、企業が苦労して高額で迎え入れた人材が実際に光を放つことができないのには必ず理由があると言った。

グロイスバーグ　ある中堅企業が、ゴールドマン・サックスで活躍していた最高のスターを手厚い待遇で迎え入れたとしましょう。しかし彼がスターなのは、実はゴールドマン・サックスで働いていたためかもしれません。ゴールドマン・サックスの保有する資源、人脈、制度、恩恵を、新しい会社が同じように提供できないならば、迎え入れたスターの業績も当然ながら落ちることになります。まったく新しい環境で、新しい人々と共に、再び奇跡のような業績を再現しろと言うのは無理なことと見るべきです。

しかも、もとからいる社員はキャリア社員に対し排他的です。迎え入れたスターにプレミアムを与えるため、自分たちの年俸アップの機会を奪われたと考えるからです。

したがって企業が外部の人材を迎え入れる時は、会社を買収や合併する時と同じように慎重に進めなければなりません。招聘《しょうへい》に払った努力以上に「統合」に神経を注がねばなりません。適当に連れてきて「頑張れ。幸運を祈る」と背を向ける企業は失敗します。

彼は「人材の招聘より重要なのは内部の人材育成。この部分がダメなら、どれほど明るく輝く星を連れてきても意味がない」と言う。

グロイスバーグ　星が光るのは星座があるためです。20世紀は組織の内部で人材を育成する時代でしたが、21世紀は内部で人材を育てつつ外部から最高の人材を戦略的に迎え入れる、ハイブリッド型組織の時代になるでしょう。

名もない会社の最高の社員をスカウトせよ

――外部から採用する人材の割合は、どの程度が適当でしょうか。

グロイスバーグ　色々と研究をした結果、内部で育成した人材と外部から招聘した人材の割合がだいたい4対1ほどの時に、企業の競争力が最も高いことが分かりました。もちろん企業の規模や分野などにより異なるでしょう。

――人材を迎え入れるなら、どのような人材がベストでしょうか。

グロイスバーグ　CEOならば、トップクラス企業のトップクラス人材を迎え入れたいという欲が生まれるでしょう。誰だって、グーグルやアマゾン、サムスンで最高のエンジニアや役員を連れてきたいと考えるものです。しかしこのようなランクの人材であるほど、実績の落ち幅は大きくなります。先ほど話したように、パフォーマンスをそのままコピーすることはできません。

一方で、会社は特に名が知られていないけれども、本当に優れた実績を残している人材ならば、すべてその個人の力量だと考えても良いでしょう。目玉となる商品もない無名の会社で、最高の販売高を記録するセールスマンは、本当に個人の能力だけで実績を上げます。私がCEOならそのような人材を連れてきます。泥の中でも光を放つ隠れた真珠が大企業という火力を装着した場合、どのぐらい急成長できるか想像してみてください。

——女性の場合は転職しても実績が落ちないそうですが。

グロイスバーグ　そのようなケースがしばしばあります。計量化された数値はありませんが、新しい職場で女性の人材がソフトランディングする確率は男性より高いです。これには複数の要因があります。まずトップクラスの女性の人材は、同クラスの男性の人材より、はるかに内面的に強いです。例えば女性役員は、男性の役員よりずっと多くの障害を乗り越えて勝ち抜いてきた人です。大ざっぱに言うと３０００の障害物を越えた「生存者」です。

二つ目として、男性は主に社内でのネットワークに強い一方、女性の人材は社外ネットワークが極めて強固です。社内ネットワークに強い人材は、外部からスカウトされた時に自分のチームやネットワークを一緒に連れていくことができないので、翼と手足をもぎ取られることになります。

反対に女性の人材が保有している社外ネットワークは、彼女が他社へ移っても影響はなく、むしろ非常に役に立つことがあります。三つ目の理由は、概《おおむ》ね女性は男性より用心深く慎重に転職を決めるということがあります。

つまり、企業が競争力と多様性を同時に向上させるための最善策は、「女性のスター人材」を大量に迎え入れることです。

マイケル・モーリッツ

ベンチャーキャピタル　セコイア・キャピタル会長

Michael Moritz

アメリカの代表的ベンチャーキャピタル、セコイア・キャピタルの会長。グーグル、ヤフー、ユーチューブ、ザッポスなど世界的な企業に初期に投資し、シリコンバレーの「生きる伝説」として知られている。『タイム』の記者だった彼は、スティーブ・ジョブズとアップルの裏事情を取材・記録した。グーグルのエリック・シュミット会長は彼のことを「過去30年間、アップル、シスコ、オラクル、ヤフーそしてグーグルに至るまで、世界で最も重要な技術的・革新的成長を最前線で支援した、世の中に何人もいない企業家の一人」と評している。

成功する企業は一目で分かる

アメリカ、サンフランシスコ空港から車を25分ほど南へ走らせるとサンドヒルロードと書かれた茶色い標識が現れる。20余りのベンチャーキャピタルのオフィスが密集しており、シリコンバレーのベンチャー企業にとって育ての親とも呼べる所だ。

この中にある戸建て風の建物の2階に上がったところ、予想もしていなかった光景が目に飛び込んできた。ロビー正面の壁に設置された60インチのモニター画面にはアップルの創業者スティーブ・ジョブズやオラクルの創業者ラリー・エリソン、ヤフーの創業者ジェリー・ヤンら、伝説的企業の数十人の顔がフラッシュで映し出された。両側の壁には120ほどの企業に関する株式投資の説明書きがずらりと並んでいた。グーグルやリンクトインなどの株式公開日、公開株式数、1株の値段……。

ここはアメリカを代表するベンチャーキャピタルの一つ、セコイア・キャピタルだ。壁に掛けられた120の企業は、このベンチャーキャピタルが投資し回収 exit に成功した企業である。

その時、白髪交じりの髪を短く切り揃えた紳士が、桃をかじりながら記者に近づき握手を求めてきた。シリコンバレーの「生きる伝説」として知られる、セコイア・キャピタルのマイケル・モーリッツ会長だ。

彼が1999年に1250万ドルを投資したグーグルは2014年8月現在、時価総額4000億ドルを超すIT業界の巨人に成長した。100万ドルを投資したヤフーは、ニュースポータルサイトの先駆けとなり、800万ドルを投資したユーチューブは国境を越え世界の人々を動画でつないだ。リンクトインは世界で2億人を超える会社員が加入するビジネス・ネットワークとなった。

モーリッツ会長は20代の若者が好きだ。セコイアが創業資金を出したラリー・ペイジやセルゲイ・ブリン（グーグル）、トニー・シェイ（リンクエクスチェンジ）、スティーブ・チェン（ユーチューブ）が投資を受けた当時は皆、20代中盤から後半だった。

モーリッツ　20代の若者は私よりはるかに多くのことを知っています。一般的に若い人は世間を知らないと言われます。もちろん彼らは営業組織の作り方も、テレビ広告キャンペーンの進め方も知らないし、財務部門の運営方法も知りません。しかしそれはどうでもいい話です。そのようなことは人を雇えば解決できるからです。

しかし人を雇用するだけでは絶対にできないことがあります。20代の創業者には、世の中の誰にも理解できない、自分が切実に熱望する分野で確実に理解していることがあるのです。人を雇うだけでは絶対に生み出せない、20代の創業者のひらめきや本能のことです。

私がヤフーに投資した時、ジェリー・ヤンとデビッド・ファイロは20代半ばでした。ですが未来の世代はさらに若くなるでしょう。今後は22～23歳の時代です。私たちが一度たりとも考えつくことのできなかったアイデアを持つ22歳や23歳が世の中を変えると思います。20代は家族や子供、結婚に束縛されることなくビジネスにのみ集中できるからです。彼らこそが未来のナビゲーターです。

彼は自分の投資した若き創業者のコアな共通点は「何かに対する『没頭』のど真ん中にあったこと」と言う。

モーリッツ　彼らには障壁もなく、限界もなく、障害物があったとしてもすべて跳び越えてみせるという自信があります。彼らは、どこか故障した世界を修理するために旅へ出る人々です。

グーグルが株式公開をした日、セコイアが投資したグーグルの持ち分10％の価値はあっという間に跳ね上がった。それでも彼は、成功より失敗の経験のほうが多いと言う。

モーリッツ　記念碑的な投資は本当にごく少数で、せいぜい十のうち一つに過ぎません。しかしその一つの企業が最も重要なのです。私たちがビジネスで十度投資したら、少なくとも三度は全額失います。単に生き残る企業に投資し若干の金を儲《もう》けたいなら、ベンチャーキャピタル業界はあなたのいるべき所ではありません。ベンチャーキャピタルは、他とは差別化された明確なアイデンティティを持つ会社と関係を結ばなければなりません。

モーリッツ会長に、立派な企業の特徴を一つ挙げるとすれば何かと尋ねると、彼は次のように答えた。

モーリッツ　私の経験からすると、最高の企業は創業者が長く留《とど》まっている会社でした。それに勝てるものはありません。

モーリッツ会長は『フォーブス』が選ぶ「最高のベンチャーキャピタリスト・ランキング（別名ミダス・リスト）」で、２００６〜２００７年に1位、２００８〜２００９年と２０１1年には2位となった。

最高の投資家が語る投資哲学

――セコイア・キャピタルは週に何人の創業者から投資の依頼が来るのでしょうか。

モーリッツ　１００〜１５０人です。

――とても多いですね。最近、最も興味を抱いた投資先は?

モーリッツ　セコイア・キャピタルです（笑）。周りからそのような質問を受けた時はいつもこのように答えます。セコイア・キャピタルが投資する会社はすべて興味深いのです。

――会長ならではの投資哲学は何でしょうか。

モーリッツ　第一に、創業者のアイデアや製品が他の人や企業にとって意味がなければならないということです。人々を説得できない製品には意味がありません。第二に、私は本当にとても特別な人とビジネスをすることを望みます。

――会長は失敗を経験した創業者にもよく投資すると聞きました。

モーリッツ　時々投資することがあります。しかし単純に失敗した人だからと言って投資しているわけではありません。

私たちが見つけた最高のレシピは、とりあえず何か一つ、大きく成功した人に投資することです。それが高校であれ大学であれ、あるいは大企業であれ、何か一つうまくやれていることがある人です。そして人生で大きな挫折を経験しながら、その挫折を挽回《ばんかい》しようと必死になっている創業者、自分の名誉を挽回しようという意志を持つ人に投資します。

モーリッツ会長は１９９６年からセコイア・キャピタル代表パートナーとして経営の責任

を担ってきた。しかし2012年5月、投資家たちに電子メールを送り「治療の難しい病気にかかり、今後5～10年以内に、私の生活の質が悪化する可能性が高いと診断された」と伝え、経営の第一線から退き会長となった。だが記者の目に彼は元気そうに見えた。

人文学徒、ベンチャーキャピタルに身を投じる

彼は格式ばらない人物のようだ。しかし質問には丁重に答える。即答できない質問には15秒以上、空《くう》を見つめ、考えてから話し始めた。

彼はベンチャーキャピタリストとしては異色の経歴の持ち主である。英国ウェールズ地方で生まれ、オックスフォード大学では歴史学を専攻し、シリコンバレーを取材する『タイム』の記者として仕事をしていた。

記者時代にアップルのスティーブ・ジョブズから「アップルの歴史を本に書いてほしい」という依頼を受け、1984年にアップルの成長を描いた『アメリカン・ドリーム―アップル・コンピュータを創った男たち！ 企業急成長の秘訣《ひけつ》』（二見書房、1985年）という本を出版した。この本がきっかけとなって、彼はアップルに初期投資したセコイア・キャピタルの創業者ドン・バレンタインと縁ができ、1986年にセコイア・キャピタルに入社す

ることになる。

モーリッツ　私も過去に、あなたが座っている椅子に座り、偉大な創業者たちにインタビューしました。アップルやマイクロソフトは非常に小さい会社だったのに、彼らが何もないところからどのように成長できたのか気になっていたのです。そしてその成長を助けるのがベンチャーキャピタルの役割と知ったことがきっかけとなり、ベンチャーキャピタリストになりました。

――2007年『タイム』が選ぶ「世界で最も影響力のある100人」に選ばれました。過去に『タイム』で記者をされていましたが、どのような気分でしたか。

モーリッツ　矛盾した気分でした（笑）。うれしいような鼻が高いような。しかし、そのようなことを大事な勲章と受け止めるべきではないと考えています。

――予想外に大化けした投資の事例はありますか。

モーリッツ　今でも本当に予想しづらいことは何だと思いますか。ハーフパンツとサンダル姿の2、3人の創業者が10年、15年後に、非常に重要な企業を背負う人物に大きく成長するかもしれないということです。そのような会社が成功する時、私たちはその成功の規模に驚きます。反対に投資した会社が失敗してもそれほど驚きません。なぜなら私たちは、どのような投資にどのようなリスクがあるか、あらかじめ知っているからです。

――他のベンチャーキャピタルが拒否した会社に、セコイア・キャピタルが投資したこともありますか。

モーリッツ　本当に数多くのベンチャーキャピタリストがシスコ・システムズに「ノー」と言いました。しかし私たちがシスコの創業者に初めて会った時、彼らはまるで祈りの言葉でも唱えるかのように、同じ言葉を繰り返しました。「私たちはネットワークをネットワークする」という言葉です。

また、本当に多くの人がヤフーとペイパルは成功できないだろうと批判しましたが、結局は良い結果につながりました。

ツイッターに投資しなかったことを後悔

――投資せずに後悔した企業もありますか。

モーリッツ　もちろんです。最後の瞬間まで検討したネットフリックス（オンライン有料映像サービス業者）があります。その次はツイッターですね。今考えても残念です。

彼は本当に残念そうに首を横に振った。「ネットフリックスのビジネスについて十分に悩まなかったことが敗因」と言う。

――ではビジネスモデルも明確でなかったグーグルに1250万ドルを投資するという決定は、どのようになされたのでしょうか。

モーリッツ　あの頃を思い出してみてください。1999年です。ドットコム・バブルのピークでした。もしグーグルへの投資があの時点から3年ほど後に行われていたならば、たぶん投資額は300万〜400万ドル程度になったでしょう。投資が決まったのは、当時の市場状況を反映してのことです（インターネット企業の価値が上昇期にあったということ）。

――グーグルが株式公開を行い、自分が億万長者になったと知った時はどのような気分でしたか。

モーリッツ　何とも思いませんでした。その日は他の会社の役員会議に参加していましたよ。私はそのような状況で祝杯をあげるのが好きなタイプではないので。

彼は30年間、シリコンバレーで数多くの創業者を目撃してきている。彼の選ぶ最高の創業者は誰だろうか。

モーリッツ　1人目はスティーブ・ジョブズです。彼はシリコンバレーで最も威圧的な人物でした。インテルの創業者、ロバート・ノイスがその次でしょうか。そしてグーグルのラリー・ペイジが3人目ですね。ビジョナリー（予見力）という言葉がよく使われますが、そのタイトルにふさわしい創業者はごく少数に過ぎません。

モーリッツ会長はスティーブ・ジョブズについて、「明確なアイデアがなければ会議に参加するな、電話もかけるな」という人生最高のアドバイスを残してくれたと話す。

だがのちに彼は、ある事件のためにスティーブ・ジョブズと仲違《なかたが》いをする。ジョブズが開発したコンピュータの一つリサ Lisa は、一時ジョブズが同棲《どうせい》していた女性との間に生まれた娘の名前だという事実を『タイム』で最初に報道したのだ。もしかしてジョブズに申し訳なく思っているだろうか。彼は「いいえ。申し訳なく思うことは決してありません。私は自分の仕事をしただけです」と答えた。

シリコンバレーの地図を塗り替えた革新的な企業の誕生

モーリッツ会長が誕生させたもう一つの記念碑的な会社は、オンライン決済サービス企業のペイパルだ。ペイパルの共同創業者2人を含む主な役員14人はペイパルを離れリンクトイン、ユーチューブ、テスラモーターズ、イェルプなど10以上の会社を創業した。共同創業者のイーロン・マスクはテスラ、副社長のリード・ホフマンはリンクトイン、エンジニアのスティーブ・チェンはユーチューブをそれぞれ設立。ペイパル出身者は革新的な企業を次々に誕生させてシリコンバレーの地図を塗り替え、「ペイパルマフィア」という造語を生んだ。

――ペイパルマフィアのパワーはどこから湧くのでしょうか。

モーリッツ　ペイパルは非常に優れた人材が集まっていました。またペイパルの創業者は自分たちととても気の合う人を雇用していたので雰囲気も良かったのです。

「ところが、ペイパルがイーベイに買収されてから雰囲気が変わった」とモーリッツ会長は言う。

モーリッツ　ペイパルはごく草創期にイーベイに買収されました。彼らは組織文化の合わないイーベイで仕事をしたいとは思わなかったのです。もしペイパルが独立した会社のままだったなら、彼らはまだペイパルで一緒に仕事をしていたでしょうし、とするとリンクトインやユーチューブのような会社は今もこの世になかったでしょう。

――会長が投資した企業は、世の中をどのように変えたと考えていますか。

モーリッツ　（彼はあごに手を添えたまま約15秒考えてから答えた）どの会社も人類の期待寿命を延ばすことはできませんでした。どの会社も癌の特効薬を作ることはできませんでした。もちろんヤフーやグーグルのような会社は、人々がビジネスをする際に多くの面で役に立っています。しかし世界が直面している最大の問題は解決できていません。

「韓国のベンチャーキャピタル業界をどうしたら活性化できますか」との質問に、彼は何のためらいもなく「成功するベンチャーキャピタリストになりたいなら、シリコンバレーに来なければならない」と答えた。

モーリッツ　傲慢《ごうまん》に聞こえるかもしれませんが、事実です。シリコンバレーでなければ、せめて中国に行かなければなりません。もちろんあなたが優秀ならベルギーやアラスカでビジネスをすることも可能でしょう。しかしシリコンバレーのパロアルト市の通りに密集したベンチャー企業は、英国にあるすべてのベンチャー企業よりはるかに魅力的です。

――成功するベンチャーキャピタリストになるための条件は何でしょうか。

モーリッツ　私は常に、自らをベンチャー企業の創業者や経営陣と共に歩むパートナーだと考えてきました。もちろん私たちのビジネスはお金でつながっていますが、私たちは銀行家ではありません。大企業では実現が難しいことを実践して世の中を変えようとするスタートアップ企業の創業者のビジネス・パートナーであるという精神が重要です。

――先ほど病気の話をされましたが、ゆっくり休まずに仕事をするのはなぜでしょうか。

モーリッツ　この世に、若くアイデアあふれる人と仕事をする以上に興味深いことはありません。創業者は故障した世の中を修理するために旅へ出る人々です。私にとってこれほど面白いことはありません。静かにソファに座りこみ、過去のことだけを考えるよりはるかに興味深いのです（笑）。

30代以上なら創業よりベンチャーキャピタルを

モーリッツ会長は20代の創業者を愛する。それでは、30代以上は創業するなということだろうか。正解は「イエス」だ。あるインタビューで彼は「30代以上はむしろベンチャーキャピタルを」と答えている。彼は20歳で創業したビル・ゲイツを例に挙げた。

モーリッツ　ゲイツは幼い頃から数千時間をコンピュータに投資しました。しかしゲイツがコンピュータに熱中していた頃、逆に大きなコンピュータ会社は数千時間をコンピュータに投資する余裕がありませんでした。１９７０年代中盤にゲイツは、大きなコンピュータ会社、あのＩＢＭよりもコンピュータについて色々と考えていたのです。20代でゲイツはすでにコンピュータの第一人者になっていました。

――ラリー・ペイジやトニー・シェイのような人は、静かで控えめな性格の人物として知られています。トニー・シェイは、前に当社とインタビューを行った時も、静かで寡黙だったと聞きました。大人しそうな様子から、のちに大成する彼らの潜在能力を見抜けるのでしょうか。

モーリッツ　大人しさと弱さは同義語ではありません。非常に強いけれどもシャイな人がいます。彼らは攻撃的でも外向的でもないですが、それでも彼らは決して弱いわけではありません。

――会長の人生において最悪の投資は何でしたか。

モーリッツ　投資を失敗した企業も多いです。代表的なのはウェブバン Webvan です（ウェブバンは食料品の注文を受けて指定された時間に配達する配送業者だったが、無理な事業拡大で２００１年に破産。セコイア・キャピタルは数億ドルの損失を出した）。常に注意深く計算しようと心に決めていますが、後悔だけが残ることもあります。

――ベンチャーキャピタリストとして最も大変なことは何でしょうか。

モーリッツ　（彼はまた15秒ほど沈黙して考える）とても良い質問です。実は何度も繰り返されていることですが、投資をする時に最も難しいのは、企業を動かす人々の独特の性格や気分に合わせることです。市場規模や営業利益率はどのぐらいか、最高の供給業者が誰なのかを調べることは非常に容易です。しかし人間関係を見極めるのはずっと難しく、手掛かりもあまりありません。

彼は人生に最も大きな影響を及ぼした本として１９２２年に出版されたＴ・Ｅ・ロレンス

の『知恵の七柱』（平凡社、全5巻、2008〜2009年）を挙げた。エジプトのカイロに派遣された英国軍情報将校がアラブ反乱を導いた実話が描かれた本で、映画『アラビアのロレンス』の基となっている。モーリッツ会長は「因襲に囚《とら》われない、一人の男性の大胆さを描いた本で、ベンチャーキャピタリストのレンズを通して見るならば、若き創業者や企業家が自らをリードする能力、官僚主義に対抗する知恵といったものを、この本から学べる」と話した。

本書のインタビュー部分は、『朝鮮日報』経済版ウィークリー・ビズ（Weekly BIZ）で行われた世界の学術・経営のトップリーダーへのインタビュー集『THE INTERVIEW』から抜粋し、日本の読者の関心に合わせ、発言の意図を損なわない形で翻訳・再編集したものです。

Japanese translation published by arrangement with
Book 21 Publishing Group c/o Eric Yang Agency Inc.
through the English Agency (Japan) Ltd.

編集協力：オフィス宮崎

本文デザイン：舘山一大

訳 岩井理子（いわい・のりこ）
神奈川県出身。日本語教師として韓国に滞在し、帰国後に翻訳者を目指す。現在はDVD/CS放送向けのドラマや映画の字幕翻訳・監修を行うかたわらワイズ・インフィニティ字幕翻訳講師を務める。また実務翻訳にも多数携わる。

序文 田坂広志（たさか・ひろし）
1951年生まれ。74年東京大学卒業。81年同大学院修了。工学博士（原子力工学）。87年米国シンクタンク・バテル記念研究所客員研究員。90年日本総合研究所設立参画。2000年多摩大学大学院教授。同年シンクタンク・ソフィアバンク設立。08年世界経済フォーラム（ダボス会議）Global Agenda Councilsメンバー。10年世界賢人会議Club of Budapest日本代表。11年内閣官房参与。13年全国1600名の経営者やリーダーと「変革の知」を学ぶ場、田坂塾を開塾。著書は80冊余り。田坂塾事務局 tasakajuku@hiroshitasaka.jp 田坂個人 tasaka@hiroshitasaka.jp

変革《へんかく》の知《ち》

ジャレド・ダイアモンド　ほか
岩井理子《いわいのりこ》 訳　　田坂広志《たさかひろし》 序文

2015年 2 月 10 日　初版発行

発行者　堀内大示
発行所　株式会社KADOKAWA
東京都千代田区富士見 2-13-3　〒 102-8177
電話　03-3238-8521（営業）
http://www.kadokawa.co.jp/

編　集　角川書店
東京都千代田区富士見 1-8-19　〒 102-8078
電話　03-3238-8555（編集部）

装 丁 者　緒方修一（ラーフイン・ワークショップ）
ロゴデザイン　good design company
印 刷 所　暁印刷
製 本 所　BBC

角川新書

ISBN978-4-04-102413-3 C0230

角川新書

A-75
戦後日本は戦争をしてきた
姜 尚中
小森陽一
日本は一度として「平和国家」だったことはない！ 誰も語らなかった「日本の戦争」が、いまここに明かされる。論客による知恵と情熱が交錯する白熱の対談！

A-81
逆接の民主主義
――格闘する思想
大澤真幸
先の見えない時代は、一体いつまで続くのだろうか？ 気鋭の社会学者が、日本をやり直す逆接の提言を示す！ この国が抱える難題は解決できる！

A-97
正社員が没落する
――「貧困スパイラル」を止めろ！
堤 未果
湯浅 誠
「まさか自分がこんな境遇に墜ちるとは！」貧困に墜ちた時、みな口を揃えていう言葉だ。誰も語らなかった「中間層の貧困化」、その事実が明かされる！

A-141
人はなぜ「神」を拝むのか？
中村圭志
「信じない人」もなぜ祈るのか？ 神も仏もないと憤るのか？ “宗教は腐れ縁”という見方から入る、「信じない」人も知っておきたい、知識ゼロからの宗教学。

A-156
帝国の時代をどう生きるか
――知識を教養へ、教養を叡智へ
佐藤 優
現下、世界は新・帝国主義体制である。厳しいこの世界をどう生きればよいのか？ 現場で使える「頭」と「眼」を佐藤優が鍛える。二歩、三歩、時代の先を読め!!

C-188
デフレの正体
――経済は「人口の波」で動く
藻谷浩介
「景気さえ良くなれば日本経済は回復する」。この妄想が日本をダメにした！ 最強の地域エコノミストが現実を示す。日本最大の問題は「二千年に一度の人口の波」だ!!

C-218
「日本」の売り方
――協創力が市場を制す
保井俊之
モノが売れない、内需も外需も。いや、売るものを間違えているだけなのだ！ もはや外国にお手本はない。日本が真に生きる道を、豊富な実例を基に示す！